Kankyo Tannier

Stille

arkana

Kankyo Tannier

Stille

Meine buddhistische Kur für ein leichteres Leben

Aus dem Französischen von
Elisabeth Liebl

arkana

Die französische Originalausgabe erschien 2017 unter dem Titel
»Ma cure de silence«
im Verlag Éditions First, einem Imprint von Édi8, Paris

Dieses Buch ist auch als E-Book erhältlich.

MIX
Papier aus verantwortungsvollen Quellen
FSC® C014496
FSC
www.fsc.org

Verlagsgruppe Random House FSC®N001967

1. Auflage
Deutsche Erstausgabe

Lektorat: Judith Momo Henke
Umschlaggestaltung: ki 36 Editorial Design, München
Umschlagmotiv: Autorinnenportrait © Manuela Böhme
Illustration Blume: © Ruth Botzenhardt
Satz: Satzwerk Huber, Germering
Druck und Bindung: GGP Media GmbH, Pößneck
Printed in Germany
ISBN 978-3-442-34235-8

www.arkana-verlag.de

Meine lieben Schüler,
gebt der Einsamkeit den Vorzug
vor dem Gedränge,
der Ruhe vor der Aufregung,
der Stille vor dem Lärm.

Letzte Worte des Buddha (Dighanikaya 16),
zitiert von Zen-Meister Olivier Reigen Wang-Genh
während einer Belehrung

Inhalt

TEIL II
STILLE ALLENTHALBEN

Einführung

Ein Buch – nicht wie andere seiner Art

Bücher über Persönlichkeitsentwicklung sind häufig gespickt mit Übungsanleitungen, die schon nach wenigen Tagen der Praxis Gelassenheit und Seelenfrieden versprechen. Mal ganz abgesehen davon, dass selbst der Buddha – der in diesen Dingen ja nicht ganz unbeschlagen war – dafür mehrere Jahre gebraucht hat, hatte ich immer schon das Gefühl, dass fix und fertige »Gebrauchsanweisungen« ihren Zweck nicht erfüllen und es besser wäre, dem Leser Geschichten aus dem wirklichen Leben anzubieten, ergänzt durch einige kleine Übungen. Beim Lesen solcher Bücher hätte ich den »Wunderdoktoren« mehr als einmal am liebsten entgegengeschleudert: »Und wo sind deine Beweise?« Um nicht ein ähnliches Donnerwetter seitens der Skeptiker unter meinen Lesern auf mich zu ziehen, führe ich eine Vielzahl von Beispielen an, kleine Geschichten und andere Zeugnisse aus erster Hand … selbst lehrreiche Fehlschläge, und seien sie noch so peinlich!

Dazwischen finden Sie auch ein paar poetische Höhenflüge meinerseits, spontan entstanden aus dem Staunen im Angesicht der Natur und der Schönheit aller Wesen. Sollten Sie, lieber Leser, eher rational veranlagt sein, so vertraue ich darauf, dass Sie die fraglichen Passagen munter wie ein Zicklein überspringen. Die Autorin wird es Ihnen nicht verübeln (und es auch niemals erfahren, Ihre Ehre ist also gerettet!).

Beim Lesen dieser Seiten – sei es von vorn nach hinten oder kunterbunt durcheinander – werden Sie außerdem auf eine Anzahl praktischer Übungen stoßen. Doch Vorsicht! Manche davon können Ihr gesamtes Leben umkrempeln. Nicht mehr und nicht weniger. Denn wenn ich schon ein Buch schreibe und ausführlich den Nutzen dieser oder jener Praxis darstelle, wenn ich schon Panoramaeinblicke in mein Leben gebe, dann muss sich der Aufwand auch lohnen. Sie schlagen dieses Buch also auf eigene Gefahr hin auf. Tiefgreifende Veränderungen warten auf Sie. Die Psychologie sagt, dass viele Menschen das Altvertraute, und sei es noch so trist, dem Neuen und Unvorhersehbaren vorziehen. Wie steht es mit Ihnen?

Während ein Teil Ihres Gehirns noch über diese Frage nachdenkt, gebe ich Ihnen ein paar Informationen zu den Übungen in diesem Buch. Sie sind so konzipiert, dass sie sich leicht in Ihren normalen Tagesablauf integrieren lassen. Sie müssen dafür weder vor Sonnenaufgang aufstehen noch besonders viel Zeit in Ihrem Kalender freischaufeln. Es geht vielmehr darum, in Ihre täglichen Aktivitäten kleine Prisen Achtsamkeit und innerer Sammlung einzustreuen, so wie man ein Gericht mit einem edlen Gewürz verfeinert. Und

Sie werden sehen: Das kann den »Geschmack« des Alltags verändern und höchst überraschende Aromen offenbaren.

Manchmal freilich ist es noch heilsamer, sich tatsächlich mehr Zeit zu nehmen und sich genießerisch an den Gestaden prachtvoll weiter Leere zu ergehen. Jene Privilegierten unter uns, die über ein wenig freie Zeit verfügen (Machen Sie sich bewusst, welches Glück das in dieser hyperaktiven Gesellschaft bedeutet!), seien auf die Möglichkeit einer Klausur im Kloster oder einer ein- bzw. mehrtägigen Stille-Kur in den eigenen vier Wänden hingewiesen.

Ich hoffe, dass jeder von Ihnen auf den folgenden Seiten Anregungen oder Übungen findet, die ihm oder ihr zusagen. Nehmen Sie sie wie kleine Perlen, die Sie heimlich in der Tasche tragen, weil sie Ihnen Zutritt zu Ihren inneren Schätzen verschaffen.

Ein Buch, das mit einer Entschuldigung beginnt

Dies ist ein Buch über die Stille, und doch zählt es mehrere zehntausend Wörter. Paradox, nicht wahr? So viele Seiten, um über das Unsagbare zu sprechen, wo ein Bild von Rembrandt oder eine Komposition von Satie genügt hätte. Um die Stille zum Fest des Lebens einzuladen, braucht es in der Tat nicht mehr, als den Bruchteil einer Sekunde aufmerksam zu sein. Unser Gehör erwacht, wir fangen an, wirklich zu lauschen – einem Vogel, der den Himmel durchschneidet …

oder jeder anderen Erscheinung, wenn sie nur spontan genug ist, um unser Staunen zu erregen.

Aber leider habe ich, was meine Geschicklichkeit mit dem Pinsel bzw. mein Virtuosentum am Flügel angeht, die Feinheit eines Rugbyspielers und die Ruhe und Gelassenheit eines Fußballtrainers am Spielfeldrand. Somit sah ich mich gezwungen, mir mit dem zu helfen, was mir an Mitteln zur Verfügung stand: Sarabanden aus Wörtern, die wie durch einen Zauber aus den Tiefen des Seins emporsprudelten, fröhlich von rechts nach links, von oben nach unten, von vorne nach hinten tanzten, ehe sie ihren Platz auf dem weißen Papier fanden. Gedanken, Sätze, kleine Geschichten reihten sich aneinander, wie Perlen an einer Schnur, und bahnten im Gänsemarsch allmählich die Spur, der dieses Buch nun folgt. Ich beobachtete dieses Geschehen einigermaßen verwundert und stellte mir immer wieder die Frage, die sich als Unterströmung durch den ganzen Text ziehen wird: Woher nur kommen all diese Wörter? Was ist dieses Bewusstsein, das Dinge in Worte fasst, das schreibt und plappert? Die Antwort auf diese Frage ist mir bis heute ein Rätsel geblieben. Ergebnis meiner Forschungen aber ist dieses Buch, das Sie jetzt in Händen halten und dessen Wortschwelgereien Sie, wie ich hoffe, entschuldigen werden.

Who's who?
Oder: Alles eine Frage der Etiketten

Fragt man mich, was ich »im Leben« so treibe, dann habe ich immer große Lust zu sagen: »Na ja, so einiges. Ich gehe, esse, schlafe, betrachte den Himmel, atme, streichle meine Katzen, meditiere, singe … Und was treiben Sie so?« Aber natürlich erwartet der Fragesteller nicht diese Art von Antwort. Wir alle müssen in eine Rolle schlüpfen, die uns dann wie ein Etikett auf der Stirn klebt, unserem Gegenüber aber erlaubt, uns fein säuberlich in eine Schublade zu stecken. Man bekommt gar den Eindruck, dass Menschen, denen ein eindeutiges Etikett fehlt, eine ziemliche Irritation darstellen! Um also meine Zeitgenossen nicht zu verstören, habe auch ich mir ein paar solcher Aufkleber zugelegt, die ich je nach Situation austausche oder versetze.

Am häufigsten klebe ich mir das Etikett »buddhistische Nonne der Zen-Tradition« auf, das von allen wohl am stärksten unter die Haut geht. Insofern erinnert es eher an eine echte Tätowierung als an ein Klebe-Tattoo. Fünfzehn Jahre sind es jetzt, dass ich den edlen Beruf der *Nonne* ausübe. Trotzdem ist die Bezeichnung schlecht gewählt. Sie drückt zwar den zutiefst spirituellen Aspekt meines Lebens aus, andere Seiten jedoch klingen darin nicht an. In der Zen-Tradition, der ich angehöre, darf man – wie übrigens auch in anderen buddhistischen Schulen – heiraten (ich habe einen der charmantesten Gefährten, den man sich vorstellen kann) und Kinder haben (was ich nicht wollte). Viele üben neben ihren klösterlichen Pflichten auch noch einen »bürgerlichen« Beruf aus. Die Bezeichnung

»Nonne« wirkt daher etwas überholt. Umso mehr, als Sie bald merken werden, dass sich ein Teil meiner Aktivitäten im Internet abspielt. Neben dem Blog, den ich betreibe, bin ich zuständig für die Auftritte meines Klosters und ein paar anderer buddhistischer Organisationen in den sozialen Netzwerken. Nonne 2.0 also! Dazu kommen einige weitere Aufgaben, die immer mehr Raum einnehmen: Anfänger betreuen, Meditation unterrichten, Vorträge halten, Beratungsgespräche führen, Artikel für Zeitschriften schreiben, mich mit Kollegen austauschen etc. Und dies zusätzlich zu einem ohnehin ausgefüllten und hochgradig spannenden Arbeitstag!

Manchmal klebt mir auch das Etikett »Therapeutin« auf der Stirn, da ich seit ein paar Jahren als Hypnotherapeutin arbeite. Die Hypnotherapie ist ein Teilgebiet der Verhaltenstherapie, das mittels veränderter Bewusstseinszustände Verhaltensänderungen zu bewirken sucht, und hat ein weites Anwendungsfeld: Depressionen, Prüfungsängste, mangelndes Selbstvertrauen, Phobien … Diese Arbeit fasziniert mich, und ich ziehe daraus einiges an Menschenkenntnis, was mir wiederum in meiner buddhistischen Lehrtätigkeit zugutekommt. In der Tradition des Zen, der ich angehöre, arbeiten wir mehrere Stunden pro Woche, um unseren Lebensunterhalt zu finanzieren, denn unsere spirituelle Gemeinschaft ist zu jung, um von irgendeiner Institution finanzielle Unterstützung zu erhalten. Und das ist auch gut so! Denn die Tatsache, dass wir uns mit denselben Schwierigkeiten herumschlagen müssen wie unsere Mitmenschen – Arbeit finden, ein bisschen Geld verdienen –, bringt uns bei Gesprächen, Vorträgen und anderen Lehrveranstaltungen den Menschen näher.

Dann wieder unterrichte ich Gesang und Sprechen vor Publikum. Das ist mein ursprünglicher Beruf, den ich seit 1998 ausübe. Ich werde später noch darauf zurückkommen.

Außerdem arbeite ich seit zwei Jahren ehrenamtlich als Pferdepflegerin – noch ein Etikett, und es passt überhaupt nicht zu den vorangegangenen! Durch die Begegnung mit Pferden in ihrer natürlichen Umgebung – nämlich mit halbwild lebenden Pferdeherden – habe ich so viel gelernt, dass ich gar nicht anders kann, als Ihnen ausführlich davon zu erzählen. Wobei ich gestehen muss, dass sich mein Wissen über die Welt der Pferde – ich bin ein Stadtkind – bis dato auf Plastiktierchen aus der Reihe »Mein kleines Pony« und Bilder von Pferderennen beschränkt hat. Heute platziere ich meinen Allerwertesten regelmäßig auf dem Traktor, um den Pferden Heu auf die Wiese zu bringen. Oder ich stecke ihnen die Hand ins Maul, um ihr Gebiss zu prüfen. Ich bürste sie und braue ihnen Wohlfühl-Tränke für die Verdauung, damit sie gut durch den Winter kommen. Ich tätschle, kraule und kose sie, bis sie genug haben. Vor allem aber bleibe ich viele Stunden bei ihnen und studiere … die Stille.

Und jetzt habe ich auch noch mit der Schreiberei angefangen. Möge Victor Hugo mir meine Dreistigkeit verzeihen! Aber reden wir doch lieber von anderen Dingen …

Das Redaktionsteam

Zur Entstehung dieses Buches haben zahllose Menschen, Geschöpfe und Umstände beigetragen.

Wie zum Beispiel Lala, meine Katzenprinzessin, die mich regelmäßig eingeladen hat, doch ein Päuschen einzulegen, indem sie sich faul neben meinem Computer ausgestreckt hat. Ohne ihre wohlmeinenden Einflüsterungen wäre mein Rücken jetzt vollkommen hinüber … Elegant und anmutig maß sie meinen Schreibtisch von rechts nach links ab und gestattete mir so, Augen-Yoga zu praktizieren und die müden Pupillen zu entspannen.

Oder die nette Dame von dreiundneunzig Jahren, die ich im Teesalon nebenan kennenlernte, und die irgendwann in breitestem Elsässisch ausrief: »Ich lese Ihre Texte jeden Abend vor dem Einschlafen mit der Lupe. Sie tun mir gut … Ja … Keine Frage: Sie tun mir gut.« Und so gab sie mir neue Motivation, wenn meine Feder zu erlahmen drohte.

Die Wintersonne, die an einem grauen Tag zum Fenster hereinleuchtete und sich über meinen Arbeitstisch ergoss, als wolle sie mir sagen: »Los, nun mach schon! An die Arbeit!«

Und das unsichtbare Band, das mich mit meiner ersten Lektorin Sophie R. verbindet, an die ich oft denke.

Aber auch meine Freunde, der Wind, die Cafés, die Pferde, die sozialen Netzwerke und vor allem die Wagenladungen von Büchern, die ich verschlungen habe, seit ich fünf war und meine liebe Oma mir das Lesen beibrachte, während ich auf ihren gut gepolsterten Knien saß. Ohne diese Lesestunden, ohne diese Wörter, die in den Untiefen meines Köpfchens versanken, ohne all diese Formulierungen, die nun fröhlich wieder aus dem Innersten meines Gedächtnisses hervorsprudelten, wären diese Seiten leer geblieben. Leer … und still?

Meine Gefährten im Kloster, die geduldig zusahen, wie ich stets von einem Ort zum anderen unterwegs war, vom Wald zum Refektorium, von den Pferden zum Dojo, eine Feder in der Hand und den Kopf voller Ideen. Seit einiger Zeit stehe ich kaum mehr für die tägliche Praxis zur Verfügung, aber ich beobachte dankbar aus der Ferne ihr soziales Engagement.

Und du, der mich seit all diesen Jahren begleitet. Du, über den ich nichts sagen werde. Ich hülle dich in Schweigen. *I shin den shin*[1], dieses Buch ist dir gewidmet.

Orte, an denen es geschrieben wurde

Ob in der Stadt oder auf dem Land, immer hatte ich meinen Laptop an allen möglichen und unmöglichen Orten dabei, um die geistige Wegzehrung, die Sie hier vorfinden, zusammenzutragen.

Ein solcher Ort war beispielsweise das Zen-Kloster Weiterswiller, in dem ich über fünfzehn Jahre gelebt habe. Dieser

1 *I shin den shin*. Berühmter Ausspruch im Zen, der die schweigende Kommunikation von Herz zu Herz bezeichnet.

magische Ort liegt, einsam an den Waldrand geschmiegt, im Elsass in den nördlichen Vogesen. Ich kehre regelmäßig dorthin zurück, vor allem im Winter, wenn meine Unterkunft sich in einen Eiskeller verwandelt. So wie es letzten Winter der Fall war, als die Temperaturen sich konstant um die -10 °C herum bewegten, die Rohre einfroren und ein eisiger Wind durch die Ritzen der Holzwände pfiff. Da habe ich es vorgezogen, mein Einsiedlerleben aufzugeben und im Kloster Zuflucht zu suchen, wo ich hinter dem warmen Ofen beobachten konnte, wie sich der Frost verzog. An diesem Ort bekommt die Zeit einen ganz eigenen Geschmack. Zwar sind wir auch hier dank des Internets nicht von all dem abgeschnitten, was draußen in der Welt passiert, doch das Kloster als solches strahlt eine friedliche Energie aus, die zur Entschleunigung einlädt. Aufgrund der regelmäßigen Morgen- und Abendmeditationen durchdringt eine Wolke positiver Energie diesen Ort und kleidet ihn gleichsam in einen Mantel heilsamer Schwingungen, die dem Geist erlauben, zur Ruhe zu kommen. Apropos Internet: Damit erst gar keine falschen Vorstellungen aufkommen, sei eines gleich klargestellt. Allen Teilnehmern, die für ein Kurz-Retreat hierherkommen, legen wir dringend ans Herz, ihr Smartphone abzustellen und quasi eine digitale Nulldiät zu machen. Sie werden bald verstehen, warum.

Einmal pro Woche fuhr ich nach Straßburg, um in den kleinen Kneipen der Stadt zu schreiben: im *Michel* (dem berühmten Gasthaus, wo sich einst die Studenten der 68er-Generation versammelten), im *Solidarité* mit seinen riesigen Glasfenstern, im *Atlantico* (einem schwimmenden Lokal mit

Blick auf den Fluss) und dann natürlich auch im *Centre de bouddhisme Zen*, unserem Zen-Zentrum, das sich direkt in der Stadtmitte befindet.

Aber da hier auf Erden nichts einfach ist, sind manche »Landstücke« dieses Buches in der Stadt entstanden und umgekehrt …

Wie Sie mit diesem Buch am besten arbeiten

Zu den meisten der hier angesprochenen Themen und Übungen finden Sie Beispiele aus dem wahren Leben. Dahinter steckt eine ganz einfache Überlegung: Hat jemand eine Methode mit Erfolg ausprobiert, lockt dies Nachahmer. Während meiner Ausbildung zur Hypnotherapeutin habe ich mich ausführlich mit Neurolinguistischer Programmierung (NLP) befasst, was ein schrecklicher Name für etwas ist, das man als eine Art Gehirnpädagogik bezeichnen könnte. Ich habe also gelernt, wie das Ding in unserem Schädel funktioniert (wobei mich die rein medizinischen Abläufe weniger interessierten) und vor allem, wie man sich zuverlässig auf ein gewünschtes Ergebnis ausrichtet.

Diese Methode ist wahnsinnig effektiv! Eine der in der NLP angewandten Techniken ist das sogenannte »Modellieren«. Um ein bestimmtes Ziel zu erreichen, Fortschritte auf einem gewünschten Gebiet zu erzielen oder unsere Lebensumstände zu verändern, schlagen uns die Schöpfer der NLP vor, einfach Menschen zu beobachten, die schon geschafft haben, was wir erreichen möchten, und – sie nachzuahmen! Damit wir diese Medizin leichter schlucken, bezeichnen sie diese Technik als »modellieren«, aber im Grunde handelt es sich schlicht um Lernen durch Nachahmen. In unserer Kultur, in der wir uns so viel auf unsere Einzigartigkeit und Unabhängigkeit einbilden, kommt die Idee, sich ein Vorbild zu suchen und es nachzuahmen, meist nicht gut an. Das ist doch bloß was für Loser! »Kein Gott, kein Herr!«, wie es bei den Anarchisten heißt. Nun gut, aber wofür empfinden wir dann noch Bewunderung?

Nach dieser Ausbildung habe ich angefangen, hemmungslos zu modellieren. Kaum widmete sich jemand in meiner Umgebung einer interessanten Aufgabe oder zeigte eine besondere Begabung, beobachtete ich bis ins Kleinste, wie dieser Mensch zu Werke ging, um sozusagen die Essenz herauszudestillieren. Dazu musste ich den Leuten manchmal regelrecht ein Loch in den Bauch fragen. So zum Beispiel Michèle, einer Nonne, die die abfälligen Bemerkungen einer anderen Nonne mit geradezu stoischer Gelassenheit über sich ergehen ließ. Ich lud sie auf eine Tasse Tee ein und fragte sie nach Strich und Faden aus. »Wie schaffst du es, so ruhig zu bleiben?«, »Was empfindest du dabei?«, »Was denkst du über dich selbst und was über diese Frau, wenn sie dich anfährt?«, »Wie gelingt es dir, nicht mehr daran zu denken?«

Selbst dass ich sie so unvermittelt mit Fragen löcherte, konnte sie nicht aus der Ruhe bringen. Ich habe viel gelernt, indem ich ihr Verhalten nachahmte.

Ich möchte Ihnen vorschlagen, es mit den Beispielen in diesem Buch genauso zu halten. Spricht die Art und Weise, wie die beschriebenen Menschen agieren, Sie an, dann tun Sie es ihnen nach! Modellieren Sie, ahmen Sie nach, erforschen Sie, lassen Sie sich auf das Abenteuer ein! So werden Sie neue Kraftquellen und neue Perspektiven entdecken, die Sie übernehmen und – nicht zuletzt – auch teilen können!

Teil 1

Was ist das: Stille?

Kapitel 1

Die Kraft der Stille

18 Uhr. Inzwischen senkt sich der Abend früh auf die Welt herab und taucht den Wald in ein weiches Halbdunkel. Ein sanfter Wind streicht still und leise durch die Blätter, aus der Ferne erklingen Kirchenglocken. Wenig später antwortet ihnen der Tempel. Die Vögel haben aufgehört zu singen. Ein Rascheln hier, ein Knacksen dort lassen die Anwesenheit wilder Tiere erahnen. In dieser Gegend begegnet man nicht selten Rehen oder Wildschweinen, von den vielen Raubvögeln, Raben oder verwilderten Katzen ganz zu schweigen. Der Abend zieht ruhig seine Bahn, fast als würde er auf etwas warten: Wer zu lauschen weiß, dem ist der Winter ein Hort der Ruhe.

Und genau darum geht es: lernen, wieder hinzuhören. Auf die Stille zu horchen, auf den Raum zwischen den Worten, die Ruhe im Sturm, das Verstreichen der Zeit. Wieder genießen zu lernen: den Geschmack eines Augenblicks, den Duft einer Mahlzeit, den Schaum der Tage, die Wärme des Feuers. Wieder spüren zu lernen: die Berührung der Fingerspitzen, das pochende Herz, den Raum, der sich öffnet, die Zeit, die plötzlich stehen bleibt … ein anspruchsvolles Programm!

Doch wie für jede gute Studie müssen wir zuerst unseren Rahmen festlegen. Natürlich nur, soweit unser Thema – die Stille – dies zulässt. Denn sie ist schlau, das Biest, und lässt sich nicht so leicht in eine Schublade sperren, und mag sie noch so schön und behaglich ausgepolstert sein. Also, versuchen wir mal, sie zumindest ansatzweise zu zähmen … Dann werden wir ja sehen!

Ein Definitionsversuch

Heute Morgen habe ich versucht, mir den stillsten Ort ins Gedächtnis zu rufen, an den mich das Leben je geführt hat. Mit Sicherheit war das die Sahara in Marokko, wohin ich vor einigen Jahren mit Freunden gereist bin. Ich stand vor Morgengrauen auf, um den Sonnenaufgang zu betrachten. Kein Wind, kein Laut, nur die roten Rücken der Dünen, so weit das Auge reichte. Seit Anbeginn der Zeit flüchten sich die Eremiten und andere Menschen, die das Absolute suchen, in die Wüste. An jenem Morgen habe ich verstanden, weshalb. Da saß ich nun allein im Sand: Es gab nichts zu tun. Alles war einfach da, so wie es war, ohne Vergangenheit, ohne Zukunft. Wozu sich nach allen Seiten krummlegen, um irgendetwas zu beweisen? Wozu illusorischen Erfolgen nachjagen wie dem trügerischen Schweif der Kometen? Sinnlos. Lieber durchatmen und die Ruhe des Augenblicks genießen.

Und dann? Dann kamen die anderen und riefen laut: »He! Das ist ja wunderschön! Los, lasst uns ein paar Selfies machen.« Und schon war der Zauber gebrochen. Instagram speicherte unsere staunenden Gesichter unter #onestzen, und die Wüste seufzte angesichts solcher Torheit. Ich aber nahm ein paar Sandkörner mit. Wenn sie in meiner Tasche knirschten, klang das für mich wie der Ruf der Wüste: Die Unendlichkeit ist da, stets in Reichweite für all jene, die sie schauen wollen.

Stille ist nicht gleich Abwesenheit von Lärm

Jeder hat diese Erfahrung der Unendlichkeit schon einmal gemacht: auf einem Waldweg, beim Innehalten inmitten einer hektischen Menschenmenge, im Nachtbus nach Hause, im Lauschen auf das Gespräch von Freunden, die zu entfernt von uns sitzen, um sie wirklich zu verstehen … Die Stille liegt sozusagen auf der Lauer. Zwischen den Worten, zwischen den gewohnten Bildern, zwischen den vertrauten Empfindungen existiert ein paralleles Universum, eine absolute und erquickende Ruhe, als deren Torwächter Achtsamkeit und innere Sammlung aufgestellt sind. Denn Stille hat – das sei hier einmal in aller Deutlichkeit gesagt – nichts, aber auch rein gar nichts mit der Abwesenheit von Getöse zu tun!

Sonst wäre es ja wirklich zu einfach. Dann müssten wir uns nur jeden Tag in einen dieser Tanks legen, die uns gegen alle äußerlichen Reize abschotten. Diese Dinger waren in den Siebzigerjahren groß in Mode, und wer es einmal ausprobieren will – in den großen Städten gibt es immer noch solche »Floating Tanks«. Allerdings sind sie für Leute mit Klaustrophobie und kleinem Budget absolut ungeeignet. Auf den folgenden Seiten möchte ich Sie daher in eine sehr viel poetischere und obendrein kostenlose Erfahrung einführen.

Zunächst aber sollten wir uns mit dem menschlichen Ohr beschäftigen. Die Wissenschaft lehrt uns, dass es Töne erst ab einer Schwelle von ca. 20 Hertz registriert. Heißt das nun, dass es die anderen Frequenzen nicht gibt? Da ich viel Zeit mit Pferden und Katzen verbringe, die ein sehr viel feineres Gehör haben als wir, passiert es mir häufig, dass ich erstaunt sehe, wie eines der Tiere die Ohren spitzt, während ich nicht den geringsten Laut wahrnehme. Richte ich dann meinen Blick in Richtung der gespitzten Ohren, zeigt sich dort unweigerlich nach wenigen Augenblicken ein Spaziergänger oder ein Hund. Das Universum der Tiere ist erfüllt von Geräuschen, daher bedeutet Stille für sie vermutlich etwas ganz anderes als für uns. Da ich es aber mit Akustikexperten zu tun habe, mache ich es wie sie und richte gleichfalls meine Lauscher neugierig in alle Richtungen. Mehr zu hören verankert mich im gegenwärtigen Augenblick und damit auch in der Stille.

Halte ich mich dagegen in der Stadt auf, mache ich es gewöhnlich genau umgekehrt. Hat man Stunden damit zugebracht, die eigene auditive Sensibilität zu schärfen, kann es schwierig sein, zur Stoßzeit in den urbanen Hexenkessel zurückzukehren. Aber wie durch ein Wunder hat mein Gehirn auch für diese Situation eine Lösung gefunden. Es wendet eine ebenso einfache wie wirksame Technik an: das akustische Vergessen. In der Stadt vergisst es schlicht hinzuhören. Es lässt die Geräusche durch den Körper hindurchgehen, ohne ihnen Aufmerksamkeit zu schenken. Das ist wirklich praktisch. Im Grunde machen das alle Menschen, die in einer lauten Umwelt leben. Wenn wir nicht gerade vollkommen erschöpft sind, erreichen uns Geräusche ohnehin nur gefiltert. Glücklicherweise. Das ist eine Art automatischer Desensibilisierung gegenüber Geräuschen. Der Mensch verfügt wirklich über eine unglaubliche Anpassungsfähigkeit.

Und es gibt eine weitere gute Nachricht: Selbst unsere modernen Städte kennen Inseln der Stille und Gelassenheit! Doch davon später.

Innere versus äußere Stille

Mit einem Mal raunt mir aus der Stille ein Stimmchen zu: »Jetzt erzähl den Leuten endlich was über innere Stille, zum Kuckuck!« Bass erstaunt angesichts solcher Gewöhnlichkeit muss ich doch zugeben, dass die Aufforderung meiner inneren Stimme berechtigt ist.

Also gut, reden wir über innere Stille. Genau das ist der Punkt – denn es ist recht schwierig, auf die Umwelt einzuwirken. Von Dauer sind im Grunde nur solche Veränderungen, die sich auf uns selbst und unser Verhalten beziehen. Sicher haben Sie den folgenden berühmten Satz schon mal gehört oder gelesen: »Möge ich die Kraft haben hinzunehmen, was ich nicht ändern kann, den Mut zu ändern, was sich ändern lässt, und die Weisheit, das eine vom anderen zu unterscheiden.« Schaffen wir es also nicht, unseren Nachbarn dazu zu bringen, um zwei Uhr morgens endlich leise zu sein, oder unsere Kinder dazu zu bewegen, beim Spielen (oder dem »Entwickeln ihrer Kreativität«, wie die moderne Pädagogik dies – nicht ohne einen Hauch Sadismus – nennt) weniger Krach zu machen, dann können wir doch zumindest unsere Wahrnehmung der Situation verändern … oder umziehen … oder unsere Kinder verkaufen. (Ach nein, das hat der Gesetzgeber ja verboten.)

Der Weg zur Weisheit ist also die Entwicklung innerer Stille, die uns erlaubt, auch in angespannten Lebenslagen entspannt zu bleiben – wenn die Welt um uns herum laut ist, wenn unsere Emotionen uns durcheinanderwirbeln.

Und was ist nun innere Stille?

Die Idee der inneren Stille verdient eine ausführlichere Erklärung. Wir werden uns in den folgenden Kapiteln noch eingehend damit beschäftigen, vor allem mit der Frage, wie sie uns in Alltagssituationen helfen kann. Trotzdem möchte ich Ihnen vorab ein wenig darüber erzählen.

Nehmen wir doch als Beispiel wieder den lärmenden Nachbarn. Ein Klassiker und ein wiederkehrendes Thema mit großer Leserschaft in Blogs. Ein Blog auf tumblr zum Beispiel sammelt alle Botschaften, die sich Nachbarn im Treppenhaus an den Kopf werfen (chersvoisins.tumblr.com). Sollten Sie selbst auch einen schandmäuligen Stinkstiefel als Nachbarn haben, dann besteht die Praxis der inneren Stille darin, wieder zur Ruhe zu finden, indem Sie lernen:

- innere Bilder Ihres Nachbarn, wie er versucht, Ihnen das Leben zu vergällen, vor Ihrem geistigen Auge einfach vorüberziehen zu lassen;
- nicht auf die kleine Stimme in Ihrem Hinterkopf zu reagieren, die Ihnen zuflüstert: »Ich werde ihm schon zeigen, aus welchem Holz ich geschnitzt bin!«;
- die Gefühle von Wut, Demütigung oder Ohnmacht anzuschauen, die sich in solchen Situationen gewöhnlich einstellen, und sie zuzulassen, damit sie sich selbst befrieden.

Sobald Sie diese neue Art des Umgangs mit dem Problem erlernt haben, kann sich ein anderer innerer Rhythmus einstellen, der ruhiger ist und das Leben angenehmer macht. Die Übungen zum Erlernen der inneren Stille zielen zunächst auf die Tore unserer Sinneswahrnehmung ab: die Augen, die Ohren (durch Worte) und den Körper. Für jeden dieser drei Bereiche werde ich Ihnen Beispiele geben, die verständlich machen, worauf es ankommt. Und natürlich ein paar kleine Geheimtipps, mit denen Sie *live* testen können, ob es funktioniert!

Der konkrete Nutzen eines stilleren Lebens

Er ist hoch, wirklich sehr hoch. Erlauben Sie mir, Ihnen hier ein paar Beispiele zu nennen, die teils mit unserem persönlichen Wohlbefinden zu tun haben, teils mit unserem Sozialleben. Und … mit dem Weltfrieden!

Einen Schritt zurücktreten und zu sich finden

Still zu sein heißt, im Umgang mit der Umwelt ein anderes Tempo einzulegen, ein langsameres, gemesseneres. In der Folge der Terroranschläge von 2015, zuerst im Januar auf das Satiremagazin Charlie Hebdo, dann im November auf das Bataclan sowie auf andere Orte in Paris, war das sich ausbreitende Gefühl der Bedrohung vielleicht mehr Produkt der Dauerbeschallung durch die Medien als der Ereignisse selbst. Wir konnten der Verhaftung der Terroristen in Echtzeit beiwohnen, weil sie auf allen Fernsehkanälen übertragen wurde. Wir konnten »Je suis Charlie« auf unserer Facebook-Seite posten und dort noch das kleinste Fitzelchen Information kommentieren. In den Wochen darauf hatte ich als Hypnotherapeutin viel zu tun, weil die Menschen nicht mehr schlafen konnten. Und alle erzählten dasselbe: Sie hatten tagelang vor dem Fernseher gesessen und die Nachrichten verfolgt, um nur ja keine »Neuigkeit« zu verpassen. Die Bilder, die sie aufgesogen hatten, die Botschaften, die gebetsmühlenartig durch die sozialen Medien gingen, hatten sich so tief in ihr Bewusstsein gegraben, dass sie dort eine riesige schwarze Wolke bildeten, die sie daran hinderte, wieder in den Alltagsrhythmus zurückzufinden.

Die Situation hätte sich anders dargestellt, hätten diese Menschen sich in »Medien-Stille« geübt: Nachrichten nur hin und wieder anschauen, sich ein paar Tage lang nicht in die sozialen Netzwerke einloggen und Kontakte vermeiden, bei denen über längere Zeit Angst erregende Nachrichten ausgetauscht werden. All diese Dinge sind mentale Überlebensstrategien, die ich Ihnen für den Fall eines Terroranschlages ans Herz legen möchte. Weniger Stress, weniger latente Unruhe und ein weniger ausgeprägtes Gefühl des Bedrohtseins sind die Früchte, die Sie ernten werden. Gleichzeitig wird der Negativität, die sich bei solchen Ereignissen in der ganzen Welt verbreitet, ein Riegel vorgeschoben.

Die selbst auferlegte Stille und die Abstinenz von öffentlicher Aufregung ermöglichen uns, einen Schritt zurückzutreten. Wir hören auf, fieberhaft die Analysen der Medienprofis und selbst ernannten Experten zu verfolgen, deren Neutralität meist bezweifelt werden darf.

Dieselbe Regel aber lässt sich auch auf Konflikte im Privatleben anwenden, in der Arbeit, in der Familie oder anderswo. Sich in Stille zu üben heißt auch, erst einmal abzuwarten, bevor man auf eine unangenehme Mail reagiert. Erst mal eine Nacht darüber zu schlafen, durchzuatmen: Lauter sinnvolle Techniken, mit denen Sie selbst einen Dornbusch zum Blühen bringen!

Die gesellschaftliche Tragweite: Wie Sie zum Weltfrieden beitragen können

Ja, zum Weltfrieden! Nicht mehr und nicht weniger! Wenn wir uns schon Ziele setzen, dann können wir auch gleich nach den höchsten greifen, oder?

Also, der Weltfrieden … Der Mensch lernt durch Nachahmung. Wenn man einige Minuten in Gegenwart eines vollkommen gelassenen Menschen verbringt, spürt man gewöhnlich, wie der eigene innere Rhythmus sich verlangsamt. Diese »Seinszustände« sind ansteckend. Daher ist das Üben von Gelassenheit ein Projekt von gesellschaftlicher Tragweite. Lassen Sie uns all jenen Menschen danken, die Tag für Tag darauf verzichten, der ohrenbetäubenden Kakophonie der Welt mit ihrer Stimme noch ein paar Dezibel draufzusetzen. Jenen Menschen, die nicht ständig zu allem ihre Meinung äußern. Die die anderen reden lassen. Die einen Spaziergang mit ihrem Hund einem Aperitif mit Freunden vorziehen. Die nicht das Autoradio anstellen, wenn sie in den Wagen steigen: Sie sind ohne jeden Zweifel die Heiligen des 21. Jahrhunderts!

Ich bin kürzlich zu einer Cocktailstunde geladen worden, die einen Vortragsabend beschließen sollte. Wie alle anderen flatterte auch ich von Grüppchen zu Grüppchen, wechselte hier ein paar Worte, schnappte da eine Neuigkeit auf, schloss dort ein paar Bekanntschaften. Ich habe an jenem Abend viele Menschen kennengelernt, es war mir eine echte Freude. Doch die Gespräche glichen eher Monologen zweier zufällig Nebeneinanderstehender. Von Austausch keine Spur. Im Verlauf des

Abends schlug uns der Gastgeber ein Spiel vor: Wir sollten uns unserem Nebenmann zuwenden und dreißig Sekunden lang seinen Blick aushalten. Dreißig Sekunden mit einem völlig unbekannten Menschen, das ist ganz schön lang! Aber ich habe in dieser stillen Übung mehr erfahren als in den Gesprächen danach. Anfangs genierten wir uns ein bisschen, mein Nachbar und ich. Dann aber ließen wir uns, die Blicke ineinander versunken, auf das Unbekannte ein, ohne Netz und doppelten Boden. In einem großen Saal, der urplötzlich von einer nahezu religiösen Stille erfüllt wurde, nur unterbrochen von gelegentlichem Auflachen.

Und wie viele Fragen dies doch aufwirft: Wie kann ich mit dem anderen im Herz der Stille leben? Wie kann ich in der Gesellschaft wortlos gegenwärtig bleiben? Wie schaffe ich es, dass mein Körper gelassen und präsent bleibt?

Wenn wir darauf Schritt um Schritt Antworten finden, kann es sein, dass sich die Pforten zu einer ganz neuen Art des Seins öffnen, die zu einer besseren Welt beiträgt.

Eine Minute der Stille

Aber machen wir doch ein kleines Experiment, um die Kraft der Stille in Echtzeit zu testen. Ich weiß nicht, wo Sie sich aufhalten, während Sie dieses Buch lesen. Im Zug (Ach, wie herrlich, im Zug lesen zu können!), im Bett, unter einem Baum, in Frankreich, den USA oder in Thailand … Wo immer Sie sind, legen Sie das Buch einen Augenblick zur Seite und richten Sie den Blick auf Ihre Umgebung. Betrachten Sie die Landschaft, werden Sie sich Ihres Körpers bewusst, der Atmung, und verharren Sie nun so für ein paar Sekunden. Ungefähr sechzig. Eine Minute also, aber weit amüsanter als die Schweigeminuten, die wir zum Zeichen der nationalen Trauer abhalten. Und es gibt nichts dabei zu lernen: Es ist nichts weiter als eine Minute der Stille, die wir dem Lauf der Zeit entrissen haben.

Und Schluss. Die sechzig Sekunden sind vorüber. Haben Sie es bemerkt? Die Zeit vergeht langsamer. Haben Sie es gespürt? Ein anderer Raum öffnet sich. Haben Sie es gesehen? Die Welt wirkt jetzt auf einmal viel schärfer … Und das ist noch gar nichts gegen die Entdeckungen, die Sie noch machen werden, wenn Sie nur hin und wieder in Ihrem Alltag innehalten und die Nase gen Himmel heben.

Unsere Minute der Stille scheint die Zeit anzuhalten – wie durch ein Wunder! Ein Wunder, das sich noch leichter einstellt, wenn der Körper selbst unbeweglich bleibt. Versuchen Sie also, sich während dieser Minute der Stille nicht zu bewegen: Registrieren Sie achtsam, was sich verändert und was sich Neues zeigt.

Das Geheimnis

Das folgende Beispiel hilft Ihnen vielleicht, sich stärker auf diese Erfahrung einzulassen: Stellen Sie sich vor, Sie sind auf der Autobahn unterwegs, und zwar mit beträchtlicher Geschwindigkeit. Die Landschaft fliegt vorbei. Es ist alles wie immer, was sehr beruhigend ist. Nur hin und wieder ein Schnörkel, ansonsten bloß gerade Linien. Und natürlich ist man auf der vorgegebenen Strecke der Autobahn sicher vor Verirrungen. Eigentlich gibt es nur eine Gefahr, nämlich die, sich zu langweilen. Schließlich gibt es kaum etwas zu sehen, die Rastplätze sind ziemlich trist, und die Luft im Wagen wird auch immer schlechter. Und wenn Sie nun die nächste Ausfahrt nehmen würden? Ein paar Kilometer auf einer unbekannten Straße dahingondeln? Was wäre, wenn Sie das Risiko eingingen, die »ausgetretenen Pfade zu verlassen«?

Eine Minute der Stille, die wir unserem ansonsten prall gefüllten Tagesablauf entreißen, das ist wie ein kleiner Bach, der einen Hügel hinunterplätschert … Sie wissen ja, wohin das am Ende führt!

Hindernisse überwinden

Aber jetzt mal im Ernst! Stille ist unendlich kostbar. Das sagen zumindest Weise und Philosophen aller Kulturen und Zeiten. Was kann uns also, da wir darüber Bescheid wissen, noch hindern, uns in Stille zu üben? Was hält uns davon ab, der Welt das Geschenk unseres Schweigens zu machen? Wie heißt es doch: »Sie haben das Recht zu schweigen, und alles, was Sie sagen, kann gegen Sie verwendet werden.« Also? Warum sollten wir dieses Recht nicht einfach nutzen?

Weil sich auf dem Edlen Pfad der Stille hohe Hindernisse auftürmen. Ein paar davon möchte ich hier aufzählen. Nicht, um Sie zu entmutigen, sondern weil ich der Auffassung bin, dass es besser ist, seinen Feind zu kennen, bevor man sich ihm stellt.

Ein kleiner Exkurs am Rande: Wussten Sie, dass die Sprache des Kogi-Stammes in Kolumbien weder ein Wort für »Feind« noch eines für »Gegner« kennt? Ganz spannend in unserer schwierigen Zeit, in der die Ideologien frontal aufeinanderprallen, nicht wahr? Wenn vor mir kein »Feind« steht, sondern einfach nur eine »andere Denkweise«, wenn der Andere kein Gegner ist, sondern einfach nur ein Mensch mit anderen Werten, dann gibt es nichts zu bekämpfen und niemanden, dem meine Angriffe nützen würden, sondern möglicherweise nur eine weitere gute Gelegenheit, sich in Stille zu üben …

Der Mangel

Der Mangel, die Leere – kennen Sie das auch?

Stille jagt uns nicht selten Angst ein. Vor allem wenn wir, wie das heutzutage üblich ist, stets mit Geräuschen, Bildern und Sensationen bombardiert werden. Der Kult der Emotionen, der schnelle und gewollte Wechsel aller möglichen Moden, der Durchlauferhitzer der Ideen mit programmiertem Verfallsdatum … Ächz! Man hätte gerne ein wenig Zeit zum Durchatmen. Aber zu diesem Zweck müssen wir uns ausklinken, die vorgezeichneten Wege verlassen und uns der größten Herausforderung stellen, die das Menschenleben mit sich bringt: dem Gefühl des Mangels. Schon der Buddha hat es vor mehr als zweitausend Jahren als Quelle des menschlichen Leids ausgemacht. Das Gefühl, dass uns etwas fehlt – Unzufriedenheit also –, ist der Ursprung jeder Lebenssituation.

Das heißt nicht, dass die Dinge an sich negativ sind oder Leid verursachen. Doch jede Situation ist eine *potenzielle* Quelle für das Gefühl des Mangels.

Oder um es mit Blaise Pascal auszudrücken: All unser Unglück kommt daher, dass wir nicht gemütlich sitzen bleiben und einen Sommerabend mit Freunden genießen können … ohne ein Foto zu machen und die ganze Szene zu twittern. »Aber wir wollen es doch bloß mit anderen teilen«, werden Sie jetzt einwenden. Das ist eine noble Geste. Doch lassen wir die Szene einmal im Zeitraffer ablaufen: Es ist zwanzig Uhr dreißig. Sie sitzen mit Ihren Freunden auf der Terrasse. Die Laune ist bestens, schließlich liegt das Wochenende vor Ihnen. Alles wird ganz wunderbar werden! Aber wenn man mal genauer hinsieht, muss man sich fragen, woher dieses nagende Gefühl der Langeweile kommt, diese innere Rastlosigkeit, die sich nach einigen Minuten einstellt. Das Gefühl, etwas tun zu müssen. Was erwarten wir denn eigentlich? Was ist es, das wir dem gegenwärtigen Augenblick unbedingt draufsatteln müssen? Woher kommt dieses Gefühl, dass irgendetwas fehlt? Geräusche, Lärm, Musik, Alkohol, Freunde, Ambiente, Ruhe, interessante Gespräche? Ja, was denn nun?

Die eingangs erwähnte Sentenz von Blaise Pascal lautet wörtlich: »So habe ich häufig gesagt, dass das ganze Unglück der Menschen aus einem einzigen Umstand herrühre, nämlich, dass sie nicht ruhig in einem Zimmer bleiben können.«[2] Natürlich will ich Sie nicht mit Gewalt in Ihr Zimmer verban-

2 Blaise Pascal, *Gedanken*, Fragment 160 (Zerstreuung), Berlin 2012, S. 73.

nen, doch dieser Satz illustriert recht schön das Gefühl des Mangels, von dem der Buddha sprach – und das Sie sicher auch kennen. Diese Leere im Bauch oder im Solarplexus, eine gewisse Verständnislosigkeit, eine latente Furcht, eine unsichtbare Gefahr … Ich möchte mit den möglichen Beschreibungen nicht endlos fortfahren, schließlich ist es ohnehin schon ein unangenehmes Gefühl. Und bestimmt wissen Sie längst, wovon ich spreche. Also weiter im Text!

Sich still hinsetzen, um den Mangel zu überwinden

Und was passiert nun? Wie stellen wir es an, das Gefühl des Mangels zu überwinden?

Die Lösung, die die Menschheit seit jeher parat hat, ist: Wir werden aktiv! Wir verreisen, gehen ins Theater, werfen uns der nächsten Liebschaft in die Arme, zeugen Kinder, gründen Unternehmen et cetera. Alles nur, um der Leere zu entgehen. Auf diese Weise entsteht eine Gesellschaft der Ablenkung, die uns immer weiter von uns selbst wegführt. Wir tun alles, um uns selbst aus dem Weg zu gehen. Denn wenn der Mensch auch nur einen Augenblick innehält, wenn er sich in Stille übt, dann muss er sich mit seinen Mängeln auseinandersetzen … und er weiß nicht, wie er das anstellen soll.

Doch für die noch unbekannten Helden zeichnet sich ein Weg ab: die Meditation! Sich mit seinen Mängeln auseinanderzusetzen (genauer gesagt: hinzusetzen), natürlich ausgestattet mit einer trefflichen Methode (sonst würde das Ganze ja zum Albtraum). Und ebendiese Methode möchte ich Ihnen in den folgenden Kapiteln vorstellen.

Die bahnbrechende Entdeckung: der Mangel ist vergänglich

Das ist der Schlüssel zu allem: *In* den Mangel einzutauchen, sich *mit* dem Mangel hinzusetzen. Diese Methode fußt auf dem Prinzip, dass alle Emotionen vergänglich sind. Alles erscheint, alles vergeht, ganz natürlich. Alles – einschließlich der damit verknüpften Emotionen. Wenn man aufhört, sich an sie zu klammern und sie zu nähren. Erst kürzlich hat eine wissenschaftliche Untersuchung der Universität Stanford gezeigt, wie wichtig das ist. Man hat Versuchspersonen mit Sensoren ausgestattet, die ihre Hirnströme messen sollten. Dann haben die Forscher den Probanden Fotos gezeigt, die abwechselnd Angst, Abscheu oder Zärtlichkeit (dafür haben sie bestimmt Fotos von kleinen Katzen genommen!) auslösen sollten. Anschließend wurde gemessen, wie lange die Versuchspersonen brauchten, um in ihren emotionalen »Normalzustand« zurückzukehren. Na, was schätzen Sie? Wie lange hat eine Emotion Bestand? Maximal ein paar Minuten!

Andere Emotionen allerdings dehnen sich über einen längeren Zeitraum. Die Trauer zum Beispiel, Schuldgefühle oder das Gefühl des Mangels, denn diese Gefühle rührt man immer wieder mit Gedanken auf. Man schnappt danach und kaut darauf herum wie auf einem alten Knochen. Eine Emotion – eine Leere –, die man nur beobachtet, entsteht und vergeht ganz natürlich. Man lässt sie in Frieden, man akzeptiert, dass sie im Augenblick da ist. Und schon stellt sich wieder Ruhe ein.

Diese grundlegende Erfahrung – dass nichts von Dauer ist, auch nicht unsere Gefühle – ist es, die uns erlaubt, ruhig sitzen zu bleiben und die Stille zu kultivieren, wenn rundherum alles in Aufruhr ist.

Die leuchtende Einsamkeit

Ich habe diesen Titel von dem chilenischen Dichter Pablo Neruda geborgt. Er hat eines der Kapitel seiner Autobiografie so überschrieben, in dem er detailliert das Glück der Einsamkeit auf Reisen beschreibt.[3] Ich kann Ihnen dieses Kapitel nur wärmstens empfehlen. Es ist ein wunderbares Buch für einen Sommernachmittag, den man entspannt gegen einen Baum gelehnt auf einer Wiese verbringt. Stille und Einsamkeit gehen gut zusammen. Wie zwei Stimmen, die, einander beständig umtänzelnd, eine dritte gebären.

Für einige Menschen ist Alleinsein wie der Heilige Gral, der absolute Traum! Ich denke da vor allem an alle Mütter, die dieses Wort für einige Zeit aus ihrem Vokabular streichen müssen: »Allein sein? Um zu lesen und Musik zu hören? Ja, als Schülerin habe ich das auch gemacht, aber heute …« Für andere wiederum ist die Einsamkeit der Horror schlechthin: Nur ja nicht allein sein mit sich selbst, vor lauter Angst, dann in Depressionen zu verfallen. Solche Menschen füllen ihre Abende mit Ausgehen, mit Abenteuern, mit allen möglichen Dingen. Nur um am Ende des Tages nicht allein nach Hause zurückkehren zu müssen.

3 Pablo Neruda, *Ich bekenne, ich habe gelebt*, Kapitel 4, Darmstadt/Neuwied (4) 1977.

Beides ist letztlich nur eine Frage der Perspektive. Der eine schlägt die Tür hinter sich zu, schlüpft aus den Schuhen und kuschelt sich wohlig auf dem Sofa zusammen. Die andere liefert die Kinder in der Schule ab, um den Heimweg in kleinen Schritten zu genießen, ein bisschen Ruhe im allgemeinen Trubel … Allein sein im Licht.

Die Stille liebt das Alleinsein. Dabei meine ich mit »Alleinsein« das Gefühl, ganz für sich zu sein, Raum zu haben und Zeit, um die Kommunion mit sich selbst zu feiern. Man könnte fast von »gewollter Einsamkeit« sprechen, die den Weg in unser Innerstes bahnt und uns nährt, bevor wir wieder eintauchen ins Getriebe der Welt. Eine freiwillige, bewusste Einsamkeit, in der wir viel schneller lernen als sonst.

Das Geheimnis

Manchmal reicht es schon, sich bewusst einige Stunden »des Nichtstuns« zu gönnen, heimlich abgezweigte Momente, in denen wir lernen können, allein zu sein und loszusegeln – auf die lichthaften Gestade unseres wahren Selbst zu, die so viel weitläufiger sind, als wir es auch nur erahnen können.

Die Regel der drei W und der vier D

Ich habe diese Regel von meinem Freund Salah-Eddine Benzakour gelernt, der Führungskräfte für internationale Konferenzen fit macht. Sie hat mich wirklich oft zum Lachen gebracht. Die Regel der drei W und der vier D ist ganz simpel:

Wiederholen! Wiederholen! Wiederholen: Das ist Doof, Doch so liegen die Dinge.[4] Salah-Eddine sollte mich für eine TED-Konferenz coachen, deren recht amerikanisches Reglement ziemlich gewöhnungsbedürftig ist. Und so haben wir wiederholt, wiederholt, wiederholt … bis ich zufrieden war.

In dieser Regel der drei W und vier D liegt alle Weisheit der Welt verborgen! Das Gehirn lernt nämlich durch Wiederholung. Wird eine Geste, eine Handlung unzählige Male wiederholt, festigt dies die neuronalen Pfade, die dafür im Gehirn aktiviert werden.

Wenn Sie die Übungen in diesem Buch so oft wie möglich wiederholen, wird sich die Konfiguration Ihres Gehirns verändern. Ihre neuen inneren Pfade werden sich also verbreitern, an den Wegrändern werden Blumen sprießen. Doch damit des Guten nicht genug! Unser Gehirn ist nämlich organisiert wie ein Flussdelta: Alles ist miteinander vernetzt. Wenn wir eine unserer Gewohnheiten ändern (indem wir öfter den Himmel betrachten, die Bauchatmung üben oder den Klängen der Welt lauschen), rauschen die Wellen unseres neuen Verhaltens durch alle Gehirnwindungen. Wie bei einem Uhrwerk, bei dem alle Rädchen fein ineinandergreifen. Oder wie bei einer Reihe von Dominosteinen: Fällt einer, fallen alle … Eine einzige kleine Übung kann so die Konfiguration des ganzen Systems verändern.

---

4 Im Original lautet die Regel der drei W und fünf C: »Répéter, Répéter, Répéter: C'est Con mais C'est Comme Ca!«

Wiederholen! Wiederholen! Wiederholen: Das ist doof, doch so liegen die Dinge.

Wiederholen! Wiederholen! Wiederholen: Das ist doof, doch so liegen die Dinge.

Wiederholen! Wiederholen! Wiederholen: Das ist doof, doch so liegen die Dinge.

… nach Belieben fortzuführen …

Kapitel 2
Die Meister der Stille

Nun aber wollen wir zu einer kleinen Reise in ganz verschiedene Welten aufbrechen. Welten, die eines gemeinsam haben: Dort wird, ob nun bewusst oder nicht, eine gewisse Form der Stille praktiziert, von der wir sehr viel lernen können. Möglicherweise können wir uns ja das ein oder andere abgucken!

Die Tiere – Könige der Stille

Ein seltsamer Ort für eine Begegnung

Heute Morgen war es recht kalt, ungefähr minus drei Grad Celsius in diesem Teil der Elsässer Vogesen, in dem ich seit sechzehn Jahren lebe. Wie jeden Tag habe ich meinen Pelzmantel umgeworfen (selbstverständlich aus Webpelz!), bin in meine Stiefel geschlüpft und habe meine zwei schwarzen Katzen gerufen. Danach ging es hinaus auf die weitläufigen Wiesen, die das Kloster umschließen, und zur Koppel. Hinter dem Gatter blieb ich stehen, richtete mich zu voller Größe auf und rief lauthals: »Efstuuuuuuur! Gazellaaaaaa! Kommt, meine Engel.« Fünf Mal habe ich meinen Schrei losgelassen, wie eine Marktfrau in Nordafrika, dann habe ich sie kommen sehen: meine zwei Islandpferde, die flott auf mich zutrabten. Ein kleines Wunder, sind die beiden doch sonst eher von der gemächlichen Sorte. Warum sie es so eilig hatten? Nun, möglicherweise lag es an den zwei Blechnäpfen mit Gerste und Müsli, die ich in der Hand hielt. Es ist eine Spezial-Aufbaukost für Senioren, die ich zufüttere. Vor einigen Monaten verloren die beiden rapide an Gewicht, daher habe ich ihnen sozusagen eine »Sumo-Diät« verabreicht, damit sie wieder ein wenig Speck auf die Rippen bekamen und im Winter nicht frieren mussten. Efstur und Gazella sind die ältesten Tiere in der Herde, aber noch recht gut in Form und quicklebendig!

Rund ums Kloster leben nicht nur Maulwürfe, Marder, Rehe, Raben, Spitzmäuse, Bienen und was weiß ich noch alles, sondern auch eine kleine Herde von zwanzig Islandpferden. Sie gehören einem netten, älteren Paar, das sie früher gezüchtet hat. Heute, wo sie die Zucht eingestellt haben, erlauben sie ihren treuen Reittieren, ihre alten Tage in diesem zauberhaften Paradies zu verleben. Und ich helfe ihnen, wann immer ich kann, wobei ich mich um ein paar der Pferde besonders kümmere. Vor allem um … Efstur!

Efstur bedeutet auf Isländisch »Oberhoheit« oder »der Allerhöchste«. Und man kann sagen, dass Efstur diesen Namen mit Würde trägt! Er hat eine lange Mähne und weißes, dichtes Fell, das ihn auch bei niedrigen Temperaturen schützt. Die Isländer leben ja weitgehend draußen und galoppieren noch in den ersten Winterfrösten fröhlich durch die Lande. Ich könnte Ihnen stundenlang von Efstur erzählen, doch das hier soll ja kein Pferdebuch werden! Es ist gut ein Jahr her, dass Efstur mich erkoren hat. Zu jener Zeit hatte ich gerade angefangen, mich um die Pferde zu kümmern. Ich bürstete sie, bewegte sie oder leistete ihnen ein wenig Gesellschaft, indem ich meine Sitzmeditation auf die Weide verlagerte. Eines schönen Tages fing Efstur an, mir auf der Weide nachzugehen. An dem Platz, wo ich jeden Tag meditierte, beschnupperte er zuerst die Erde, umrundete dann geschickt mein Kissen, um sich hinter mir auf seinen Allerwertesten niederzulassen und den Hals langzustrecken. Es war Sommer. Ich saß auf der Erde, und sein Kopf bot mir Schatten wie ein hübscher kleiner Sonnenschirm! Sehr praktisch, aber mein »Schirmpferd« war dann doch ein bisschen zu neugierig. Ich konnte die zur Meditation nötige Konzentration jedenfalls nicht aufrechterhalten. Und diese Szene wiederholte sich eine Woche lang jeden Tag. Zum Meditieren habe ich dann zwar einen anderen Platz gesucht, mitten im Wald, wo es noch ruhiger ist, aber Efstur und ich sind seitdem unzertrennlich!

In eine neue Welt eintreten … und den eigenen Blickwinkel verändern!

Diese Begegnung hat mich vieles gelehrt. Zunächst einmal, wie man tatsächlich mit der Welt eines anderen Wesens in Kontakt tritt: der Welt eines vierbeinigen »Anderen«, der ein großes Maul hat und … absolut still ist. Da Prinz Efstur mir schon die Ehre seiner Nähe erwies, fand ich es nur höflich und geziemend, mich auf seine Art der Kommunikation einzustellen zu versuchen, darauf, wie sein Geist funktioniert. Wenn ich mich in eine fremde Welt vortaste, so suche ich das wie ein Anthropologe des 20. Jahrhunderts zu tun und nicht wie ein Kolonialherr. Ich gehe neugierig und behutsam auf das andere Geschöpf zu, weil ich lieber lernen will, als ihm etwas aufzudrängen, lieber verstehen will, als etwas zu erreichen. Wie wunderbar, sich heute noch auf eine solche Forschungsreise machen zu können … und das auf der Wiese nebenan!

Efstur spricht nicht. Er ist ein Pferd, und die Lage seines Kehlkopfes verhindert jede Stimmbildung. Und doch kommuniziert er sehr präzise mittels seines Körpers. Seine Artgenossen auf der Weide verstehen ihn sofort. Ich hingegen hatte zu Beginn so meine Schwierigkeiten. Zum Beispiel dachte ich zu Anfang noch, dass er seinen Kopf an mir rieb, sei ein Zeichen der Zuneigung. Ich freute mich immer, wenn ich in seiner Nähe war und er mir sofort zeigte, wie gern er mich hatte. Efstur liebte mich, da war ich ganz sicher – so dachte ich mit meinem dezidiert menschlich geprägten Pferdeverstand. Die Wahrheit war weit weniger romantisch! Nach einigen lebhaften Diskussionen mit Ute Weiland (der die Pferde gehören und die wirklich was von Pferdekommunikation versteht) stellte sich heraus, dass diese Geste in Wirklichkeit besitzergreifend war und dem Gegenüber zeigen sollte, dass Efstur die Oberhoheit innehatte. Er trägt seinen Namen wirklich zu Recht! Und so musste ich lernen, jedes Zeichen der Dominanz entschieden zurückzuweisen.

Ich muss gestehen: Der Weg war lang. Dabei hätte ich so gerne ein Vertrauensverhältnis zu ihm gehabt, das sich in liebevollen Gesten der Zuneigung ausdrückte. Die Vorstellung, dass ich ihm zeigen sollte, wer der Herr war, lehnte ich aus tiefstem Herzen ab. Bis zu dem Tag, an dem ich – ohne Worte – verschiedene Dinge begriff. Wenn ich nicht den Rang des Chefs einnähme, würde Efstur dies tun. Bei Pferden gibt es nämlich keine Beziehung auf Augenhöhe: keine Abstimmung, keine Gewerkschaft, keine Gruppentherapie! In der Welt der Pferde gibt es einen Anführer und damit basta. Und dieser sorgt für die Sicherheit der Herde. Ich musste also einerseits meine Vorstellung von der Beziehung auf Augenhöhe aufgeben (und den Boss herauskehren), andererseits mein Konzept von Macht ändern (denn der Boss trägt nun mal auch die Verantwortung). Ein anspruchsvolles Programm … und ein totaler Paradigmenwechsel!

In der Pferdewelt hat die Anführerposition nichts mit Machtausübung zu tun. Es geht vielmehr darum, sich in den Dienst der Herde zu stellen. Natürlich kommt das Leittier immer zuerst, frisst zuerst und fordert Respekt ein, doch die Schattenseite ist: Es muss ständig über die Sicherheit der Herde wachen. Als ich es geschafft hatte, Efstur nach vielen Versuchen von meiner Oberhoheit zu überzeugen, war mein Geschenk an ihn das absolute Vertrauen, das er zu mir haben konnte, die absolute Entspannung in allen Lebenslagen (selbst wenn der Pferde-Zahnarzt kam, dessen Instrumente sogar das ungerührteste Kaltblut zum Erblassen bringen würden). Und als die Rangverhältnisse geklärt waren, konnten wir zusammen das Haupt erheben, die Ohren spitzen und in den

Wald traben, wo wir uns beide voller Vergnügen prustend schüttelten.

Dieses Abenteuer hat mich zwei Dinge gelehrt: die Machtposition einzunehmen und sie im Sinne der Gruppe zu gebrauchen … Und ein Vögelchen hat mir gezwitschert, dass diese Erfahrung eine der lehrreichsten meines Lebens war!

So kann das Studium des Anderen in seiner Eigenart uns dazu bringen, Konzepte zu hinterfragen, die uns in Stein gemeißelt schienen, unser Denken zu öffnen und den Mut zu haben, die eigene Meinung zu ändern. Bis ich Efstur kennenlernte, hielt ich mich für eine Spezialistin in Sachen Analyse menschlicher Beziehungen. Ich schaute Menschen (oder Tiere) an und glaubte, innerhalb weniger Minuten mit oder ohne Worte zu wissen, wes Geistes Kind sie waren. Dabei guckte ich durch meine ganz spezifische Brille, die von allen möglichen Ideen geprägt war – von Freud, von der Verhaltensforschung, von meiner Vorstellung von Logik. Zahllose Interpretationsschemata also, die mich zu allerlei nicht gerechtfertigten Projektionen verführten: eine höchst subjektive Sicht, die angeblich die Welt genau beschreibt und ihr dabei die eigene Logik aufoktroyiert. Ohne Zweifel sehr beruhigend. Aber mit absoluter Sicherheit total illusorisch.

Eine innere Haltung: Stille und Sammlung

Wie also soll unser Vorgehen aussehen? Wie beobachten wir ein Pferd, eine Gruppe oder einen einzelnen Menschen, ohne unsere eigenen Vorstellungen auf sie zu projizieren? Ich denke, das lässt sich nur mit einer inneren Haltung der Stille und der Sammlung erreichen …

Mit Efstur habe ich gelernt, die Dinge simpel zu halten, nur die Fakten zu betrachten. Und sehr, sehr aufmerksam zu sein.

Aber das lässt sich wohl am besten mit einem Beispiel erklären. Letzte Woche habe ich das Gatter geöffnet, um mit ihm ein bisschen spazieren zu gehen. Ich legte ihm dabei die Longierleine um, denn im Allgemeinen ist er es, der vorangeht, so eilig hat er es mit seinem Abenteuer. Diesmal aber weigerte Efstur sich kategorisch, durch das Tor zu gehen. Bockbeinig blieb er stehen, so entschlossen wie friedlich. Natürlich hätte ich mir dafür alle möglichen Erklärungen ausdenken können: Seine Beine schmerzen. Er spinnt heute einfach. Er will mich austesten … Woher soll ich wissen, was los ist? Natürlich hätte ich das »Theater« auch als Machtspiel interpretieren können. Andererseits verspürte ich sehr schnell den Impuls, auf den Spaziergang mit ihm zu verzichten. Der Impuls entstand einfach, weil ich mein Pferd betrachtete, dessen Körper so eindeutig »Nein!« sagte. Und weil mein Körper wiederum dieses »Nein!« empfangen konnte. Es hallte in mir wider, als wäre ich ein Resonanzkörper. Um solch eine Botschaft empfangen zu können, ist es unabdingbar, körperlich völlig präsent zu sein, auf das Pferd konzentriert, nicht auf die eigenen Interpretationsmuster für diese Situation. Die innere Sammlung und Präsenz erlauben uns, einfach nur »die Daten« in Empfang zu nehmen. (In diesem Fall: »Er will wirklich nicht.«)

Wenig später am selben Tag erfuhr ich, dass man einen Deckhengst zu Efsturs Stutenherde gebracht hatte. Unter diesen Umständen kam es für ihn absolut nicht infrage, dass er seine Schönheiten unbeaufsichtigt ließ, um einen Waldspaziergang zu machen – verständlicherweise. Natürlich hätte ich daraus auch eine Grundsatzentscheidung machen und ihn zwingen können. Dann wäre er widerwillig mitgetrabt, und ich hätte den Kampf gewonnen. Aber an diesem Tag habe ich vorgezogen, ihm zu lauschen. Auf das Schweigen der Worte zu hören und dafür die Stimme des Körpers laut werden zu lassen. An jenem Tag ging es nicht darum, wer der Boss war. Da ich auf Efsturs stumme Botschaft hörte und sie annahm, konnte sich zwischen uns ein wunderbares Gefühl der Harmonie einstellen.

Die Situation aus dem Moment heraus zu begreifen wird möglich, wenn wir uns zwei Formen der inneren Haltung angewöhnen.

– **Innere Stille**: Wir lösen uns von unserem gewohnten Denken, von den logischen Schlussfolgerungen, die wir ununterbrochen ziehen. Im Falle Efsturs sah das folgendermaßen aus. Meine Logik sagte mir: »Nein, mein Kleiner! Ich bin der Boss, und du gehst jetzt mit!« Mein Wissen über das Verhalten der Pferde (wie oben angeführt: Man nimmt die Führungsposition ein, um dem Pferd Sicherheit zu vermitteln) sagte mir, dass ich mich an diesem Punkt durchsetzen sollte. Doch die Situation an sich und die Haltung des Pferdes sandten eine ganz andere Botschaft aus. Also habe ich mich von meinem Kopf abgenabelt und habe aufgehört, meinen üblichen Denkmustern zu folgen. Stattdessen habe ich der Situation vertraut und dem, was ich körperlich spürte. Anders ausgedrückt: Ich habe Efstur vertraut, dem wahrhaftigen Repräsentanten der Natur, statt meiner pseudo-rationalen Intelligenz zu folgen. In dem Augenblick, in dem diese Wahl getroffen war, füllte die Welt sich mit Stille, mit dieser grenzenlosen Ruhe, die sich so häufig einstellt, wenn alles in Ordnung ist.

- **Konzentration (Sammlung)**: Pferde können sehr schnell sein und überraschende Dinge tun. Wenn man mit Pferden umgeht, sollte man wirklich ganz präsent sein, um auch die geringste Veränderung in ihrem Rhythmus und ihren Absichten zu spüren. Man ist ihnen mit Augen, Ohren und dem ganzen Körper zugewandt, gleichzeitig aber bleibt man offen für alles, was in der Umgebung geschieht. Das ist eine ganz schöne Herausforderung, in jedem einzelnen Augenblick! Ich genieße es, inmitten der Herde auf der Weide zu stehen und jedes Prusten, jedes Schnauben, ihre ganze Energie zu spüren. Jedes Pferd ist anders, doch sie stehen ständig miteinander in Austausch. Da kann es sein, dass eines von einer Sekunde auf die andere in Galopp verfällt, ans andere Ende der Weide rennt und dort heftig ausschlägt. Welche Kraft in ihnen steckt, welche Energie! In solchen Fällen ist Konzentration wirklich angebracht. Die innere Sammlung erlaubt uns, sie besser zu verstehen, in ihre Welt einzutauchen und ihre Bewegungen vorauszuahnen. Im Kontakt mit Pferden verschmelzen Vergangenheit und Zukunft zu einer einzigen Zeitebene, die ganz aus Stille und Präsenz besteht.

Wer weiterkommen will, muss die ausgetretenen Pfade verlassen

Wie aber stellt man es nun an, diese Konzentration über einen längeren Zeitraum aufrechtzuerhalten? Im Umgang mit Pferden ist das absolut erforderlich, wie auch im Kontakt mit wilden Tieren. Wenn meine Konzentration nachlässt, setzt Efstur vielleicht seinen Huf samt 400 Kilo Lebendgewicht auf meinen Fuß. Denn das muss ich zugeben: Mein wunderbarer Prinz ist nicht gerade sehr … feinfühlig!

Wie also ist es möglich, die Konzentration in jeder Situation beizubehalten? Das Geheimnis lautet: Indem wir uns selbst vergessen, und zwar voll und ganz. Wir vergessen, dass andere uns zusehen, dass es ein Resultat zu erreichen gibt, und vergessen, wie solche und ähnliche Situationen früher einmal ausgegangen sind … Wir konzentrieren uns ganz einfach auf das, was im Augenblick tatsächlich passiert, auf die Beobachtung, auf die Aufgabe, die es zu erfüllen gilt. Und wenn wir feststellen, dass wir auch nur ein Jota von unserer inneren Sammlung abweichen, fangen wir nicht etwa an zu lamentieren oder uns selbst Vorwürfe zu machen. Wir kehren vielmehr unverzüglich zu dem zurück, was wir gerade tun. Zum Pferd, zum Bericht, den wir abzutippen haben, zum Geschirr, das wir abwaschen. Und wir spüren in den Körper hinein: seine Lage im Raum, die Hände im warmen Wasser, unsere Haltung auf dem Stuhl vor dem Computer und so weiter. So eröffnet sich uns ein ganz neues sinnliches Universum … zu unserem allergrößten Vergnügen. (Siehe Kapitel 5, »Die Stille des Körpers«)

Die Katze Lala und der gegenwärtige Augenblick

Doch damit ist unser Erkundungsgang durch die Tierwelt noch nicht abgeschlossen … Die Inspirationen, die unsere tierischen Gefährten uns schenken, würden ohnehin ein ganzes Buch füllen! Was gibt es Schöneres, als einer Katze zuzuschauen, die sich putzt? Jeden Morgen nach dem Aufstehen gehört es zu meinen edelsten Pflichten, die kleinen schwarzen Fellknäuel zu füttern, die mein Leben mit mir teilen: Lala und Meister Yoda (dessen Weisheit der seines Namensvetters in nichts nachsteht). Kaum haben sie ihre Mahlzeit verzehrt, lecken sie sich gründlich von den Ohren bis zu den Pfoten sauber, mit einer Geschmeidigkeit, die jeden Yogi vor Neid erblassen ließe. Dabei folgen sie stets einer bestimmten Reihenfolge: erst die Vorderpfoten, dann die Hinterbeine, schließlich der Bauch, die Flanken, und am Ende das Gesicht … Alles wird minutiös gesäubert.

Und so habe ich angefangen, morgens ein bisschen früher aufzustehen, um bei einer Tasse Kaffee die feline Morgentoilette beobachten zu können.

Wenn ich ihnen so zusehe, habe ich das Gefühl, an einem urtümlichen Tanz teilzuhaben: langsam, wild und mit einer Choreografie, die dem Anbeginn der Zeiten entstammt. Dabei richten sie ihre gesamte Aufmerksamkeit auf das, was sie im Moment gerade tun. Manchmal legen sie eine kleine Pause ein – wenn zum Beispiel ein Geräusch ihre Aufmerksamkeit weckt –, doch dann machen sie unbeirrt weiter. Ihre Bewegungen sind von geradezu olympischer Ruhe. Alles ist da. Und so senden diese morgendlichen, von Kaffee begleiteten Schauspiele eine Botschaft aus, an der selbst der fortgeschrittenste Zen-Meister nichts zu mäkeln hätte: »Konzentrier dich! Erledige deine jeweilige Aufgabe voller Hingabe, so wie ich.«

Hingabe – das ist wohl die treffendste Beschreibung für diese Haltung der Konzentration, mit der Katzen sich ihrer Toilette widmen. Doch ist sie keineswegs die einzige Tonalität, mit der diese kleinen Impressionisten eindrückliche Bilder entstehen lassen. Manchmal nämlich ist ihr Tun auch von nonchalanter Lässigkeit. So lassen sie sich unendlich viel Zeit, wenn sie sich durch den Raum bewegen, unterbrechen ihre Wanderung mit einigen Stretchingübungen oder einem meisterlichen Krallenschärfen an der Wand. Alles läuft in Zeitlupe ab. Darin ist Lala Expertin, meine kleine schwarze Katze mit den grünen Augen. Das ist umso bemerkenswerter, als sie im nächsten Augenblick aufspringen und mit gesträubtem Nackenhaar einem Schatten nachjagen kann. Nur um danach wieder auf ihr Kissen zurückzukehren, es mit den Pfoten zurechtzutrappeln und sich dann, elegant um sich selbst gerollt, wieder schlafen zu legen. Alles total relaxed hier, oder? … Schlafenszeit! Der Zen-Meister Taisen Deshimaru (1914–

1982) hat diese Haltung in einer sehr schönen Kalligrafie ausgedrückt, deren Botschaft lautet: »Manchmal ist es sinnvoll, sich auszuruhen.« Die Schriftzeichen auf dem Blatt ordnen sich um ein Bild in der Mitte: einen großen, dösenden Kater!

Die Erlebnisse, die wir mit Katzen (oder Hunden) haben können, laden uns ein, die Natur zu beobachten. Sie lehrt uns, was Sammlung, Langsamkeit und Achtung vor den Rhythmen des Lebens bedeutet. Aus diesem Grund sind ein paar Tage im Wald oder in den Bergen wirklich gesund für uns. Wir treten aus der Zeit heraus, und die Stille beginnt sich auszubreiten. Dann kommt unter der Oberfläche allmählich etwas Anderes zum Vorschein.

Wenn wir hingegen ständig in die Hektik unseres Alltagslebens mit U-Bahn, Büro und Schlafstadt eingebunden bleiben, ist uns dies nicht möglich. Was also machen wir, um unsere Naturbeobachtungen anstellen zu können? Warum nicht unsere Katzen, Hunde oder Pferde beobachten? Und wenn Sie nicht das Glück haben, einen dieser kleinen (oder großen) tierischen Gefährten an Ihrer Seite zu haben, dann schauen Sie doch Naturreportagen im Fernsehen oder studieren Sie Bücher und Bildbände über das Leben der Tiere, die Sie interessieren. Ich habe in meiner Bibliothek um die dreißig Bücher, die Tiere und ihre Verhaltensweisen beschreiben, von Bienen über Schweine bis hin zu Wölfen. Ich finde das total faszinierend! Denn dabei geht es nicht nur darum, Wissen anzusammeln. Tiere sind unsere Führer zurück zu einem Leben im Einklang mit der Erde. In unseren Betonstädten ist die Beschäftigung mit der wilden Heimat unserer Hunde und Katzen vielleicht der erste Schritt zur notwendigen Wiederaussöhnung mit der Natur.

Die Welt sehen in einem Körnchen Sand,
den Himmel in einem Blütenrund,
die Unendlichkeit halten in der Hand,
die Ewigkeit in einer Stund'.

William Blake[5]

In der Stille eines Zen-Klosters

Wollten wir einen Bilderbogen gestalten, der die »Stille der Klöster« wiedergibt, dann wäre darauf mit Sicherheit ein Motiv wie dieses zu finden: eine Reihe von Mönchen, die wohlgeordnet einer hinter dem anderen durch die Gänge eines Zisterzienserklosters wandeln, die von Kapuzen bedeckten Häupter tief gesenkt. Ein feierlicher Anblick, der tiefste Ruhe ausstrahlt. So ein Bild kann sicher eine wichtige Inspirationsquelle sein. Die buddhistische Praxis allerdings ist viel weltlicher orientiert und für alle offen. Daher bietet ein buddhistischer Tempel einen ganz anderen Anblick. In unserem Tempel zum Beispiel leben sowohl Männer wie auch Frauen. Die Gebäude fallen deutlich bescheidener aus (wie es sicherlich in der christlichen Frühzeit der Fall war), und die Kleiderordnung ist viel liberaler. Gemütlich verläuft das Leben dort nur an den Ruhetagen.

Manchmal aber, wenn ich früh am Tag das reine Wasser wechsle, das auf den Altären als Opfergabe dargeboten wird, weil ich schon vor dem Morgengrauen auf den Beinen war,

5 William Blake, »Weissagungen der Unschuld« (*Auguries of Innocence*), in: William Blake, *Werke*, hrsg. von G. Klotz, übersetzt von W. Wilhelm, Berlin 1958, S. 238.

dann denke ich voller Liebe an all die Mönche und Nonnen, die sich im Laufe der Jahrhunderte ohne großes Getöse der spirituellen Praxis gewidmet haben … und das heute noch tun! Frühmorgens, wenn die Nacht die Bäume noch in ihren dunklen Pelz hüllt, ist auf den Wegen der Klosteranlage die Präsenz alter Mystiker zu spüren, die mir auf meinem Pfad der Suche vorangegangen sind. Solche Augenblicke sind magisch, als wären sie aus der Zeit gefallen. Und ich spüre ganz stark, dass der Faden derer, die nach dem Absoluten suchen, niemals abgerissen ist und die Welt in ein zartes Spitzenkleid aus Gebeten und Mysterien hüllt.

Doch lassen Sie sich von meinen lyrischen Anwandlungen nicht abschrecken: Wer zum ersten Mal in einem Kloster verweilt, muss zwar genauso früh aufstehen, doch bleibt die Praxis dann ohne religiöse Elemente. Anders ausgedrückt: Die Mystik ist nicht verpflichtend. Was mich angeht, so hat sich das mystische Element sehr schnell zum eigentlichen Nährboden meines spirituellen Lebens entwickelt. Doch viele meiner klösterlichen »Kollegen« haben eine viel bodenständigere Sichtweise, die genauso respektiert wird. Buddhistische Spiritualität ist so gestaltet, dass sie sich dem Praktizierenden anpasst. Der historische Buddha hat dies so ausgedrückt: »Seid euer eigenes Licht.« Heute würde man vielleicht sagen: »It's up to you!« Oder: »Du hast es in der Hand!«

Wie läuft so ein Zen-Retreat ab?

Meditieren lernen

Während eines Zen-Retreats, bei dem Sie eine gewisse Zeit ausschließlich im Kloster verbringen, lernen Sie vor allem die Grundlagen der Meditation, die wir als *Zazen* bezeichnen. Mit dieser Übung hat der Buddha im Schutz eines majestätischen Baumes Erleuchtung erlangt. Dazu noch eine kleine feministische Anmerkung: Die Legende besagt, dass es eine kleine Ziegenhirtin war, die ihn dazu brachte, die völlige Askese, in die er – vermutlich aus Unachtsamkeit – verfallen war, aufzugeben. Das Mädchen hatte Mitleid mit dem leidenden Eremiten und brachte ihm eine Schüssel mit Reis (oder einem anderen nicht genmodifizierten Getreide, das zu jener Zeit verzehrt wurde). Einige tausend Jahre später üben Millionen Menschen auf der ganzen Welt Zazen: die Sitzmeditation. Ganz offensichtlich hat diese Form der Meditation einen zweiten Aufschwung erfahren, als sie sich in den Sechziger- und Siebzigerjahren in Europa und den USA wie ein Lauffeuer verbreitete.

Die Menschen, die sich von der Hektik des Alltags überrollt fühlen, haben das Bedürfnis nach Stille und Einfachheit. Daher suchen auch immer mehr Menschen Zuflucht bei Retreats in einem der zahlreichen Meditationszentren, die in den letzten fünfzig Jahren hier und dort entstanden sind. (Siehe dazu das Kapitel: »Tipps und Tricks für alle, die weitermachen wollen« ab Seite 181.) In diesen Zentren finden sie ein ruhiges, geregeltes Leben vor, das von Werten wie Aufmerksamkeit anderen gegenüber, innerer Sammlung und Mitgefühl geprägt ist.

Und wie sieht der typische Ablauf bei einem solchen Retreat aus? Alles beginnt früh am Morgen, gewöhnlich um sechs Uhr. Ein Mönch läuft durch die Gebäude und läutet eine Glocke: Aufwachen! Die Klosterinsassen sollen sich ins Dojo begeben, in den Meditationsraum. Die zeitliche Struktur folgt im Kloster festen Regeln und ist für alle verpflichtend. Das erspart dem Einzelnen das Überlegen, ob er oder sie jetzt wirklich schon aufstehen soll – alle werden zur Meditation erwartet. Sie findet in der Morgendämmerung statt, in dieser magischen Zeit, in der die Nacht allmählich dem Tage weicht und die Konturen der Landschaft sich langsam aus dem Morgennebel herausschälen. Wer zum ersten Mal dort ist, bekommt am Abend vor seinem ersten vollen Tag eine Einweisung von einem Mönch oder einer Nonne. Dabei taucht man das erste Mal ins Zen-Universum ein! Um die Meditierenden zu unterstützen, wird die große Glocke des Klosters (fast achthundert Kilo schwer) im regelmäßigen Abstand von zwei Minuten angeschlagen. Der Klang der Glocke hilft, die Konzentration aufrechtzuerhalten. Denn Konzentration oder Sammlung ist hier das Schlüsselwort: Sobald der Geist abschweift, sich mit den nächtlichen Träumen beschäftigt oder sich anderweitig aus der Konzentration auf die Gegenwart verabschiedet, sobald wir nicht mehr im Raum, in unserem Körper verankert sind, erklingt schon der tiefe Ton der Glocke und ruft uns zur Sammlung. Alles passiert im Hier und Jetzt, in der strahlenden Frische des Morgens.

Die Tage ähneln sich wie ein Ei dem anderen. Es wird alles getan, um die Rückkehr in den Körper, in den gegenwärtigen Augenblick zu erleichtern. Zum Beispiel werden die Mahlzeiten in aller Stille eingenommen. Das ist so ungewöhnlich, dass es auffällt. Die laute Gastlichkeit des gemeinsamen Mahls macht einer erhöhten Achtsamkeit Platz, mit der die Speisenden sich den kredenzten Nahrungsmitteln zuwenden und sie ganz schmecken können. Die Zutaten sind durchweg biologisch und vegetarisch. Zu Beginn der Mahlzeit wird kurz gesungen. Das erinnert uns daran, dankbar für all die Umstände zu sein, die dazu geführt haben, dass nun diese Mahlzeit auf dem Tisch steht. Wir danken der Sonne und dem Regen ebenso wie den Menschen, die das Gemüse angebaut haben, und dem Koch: Wir richten unsere Gedanken auf die ununterbrochene und lange Kette von Elementen, Umständen und Personen, die unserer Schlemmerei im Kloster vorausging. Gleichzeitig gedenken wir all jener Geschöpfe, die ihren Hunger nicht stillen können. Und wir legen das Gelübde ab, die Energie, die uns diese Mahlzeit schenkt, zum Besten zu verwenden. Ein ganz hübsches Programm, nicht wahr?

Die Stille ist ein elementarer Bestandteil jedes Retreats. Manche dieser »Rückzüge« geschehen in vollkommenem Schweigen. Bei den meisten aber gibt es nur bestimmte Zeiten der Stille, die mehr oder weniger lang ausfallen. Die Meditation, die Mahlzeiten und die Arbeiten für die Gemeinschaft geschehen in Stille. Sie wechseln sich mit Zeiten des Austauschs ab, in denen auch mal munter geplaudert wird.

Dieser Wechsel verleiht den Tagen einen harmonischen Rhythmus und macht das Retreat auch für Ungeübte zugänglich. Gerade zu Anfang ist es gut, über die eigenen Erfahrungen sprechen zu können. Denn das Retreat erfordert schon einige Anstrengung: Die einzelnen Abschnitte folgen unmittelbar aufeinander. Auch die Meditation ist nicht immer einfach, und die Zeit für Persönliches ist begrenzt. Die Zeitfenster, in denen nicht geschwiegen wird, funktionieren quasi wie eine Dekompressionskammer oder ein Überlaufventil. Man lässt Druck ab, entspannt sich und tankt neue Kraft, um dann wieder über seine Grenzen hinauszugehen. Der mittlere Weg eben, den Buddha empfahl – nur ein klein wenig anders.

Für geübte Meditierende finden mehrmals im Jahr Retreats statt, bei denen überhaupt nicht gesprochen wird. Ich persönlich schätze diese Tage ganz besonders. Der tibetische Buddhismus hat ja eine regelrechte »Wissenschaft des Geistes« begründet. Deren Vertreter gehen davon aus, dass die Stille die »feinstofflichen Kanäle« reinigt, in denen unsere Energie fließt. Worte und Vorstellungen, die nicht ausgesprochen werden, verschwinden einfach wieder, ohne Spuren zu hinterlassen. So schreitet die Reinigung voran. Nach einigen Tagen der Stille bemerkt man es selbst: Alles wird einfacher. Die Berge sind schlicht nur Erdhügel, die Gewitter eine Reihe von Windstößen. Dafür ist die Stille verantwortlich. Sie erlaubt uns, wirklich *mit* den Dingen zu sein, in direktem Kontakt, ohne die Filter unseres Verstandes.

Wenn wir ein Schweige-Retreat absolvieren, spüren wir förmlich, wie die Schwingungen der großen Glocke unseren Körper durchlaufen. Wir erleben vielleicht zum ersten Mal die tiefe Freude, einen Vogel im Schnee herumhüpfen zu sehen. Wir hören Fliegen schwirren und sich auf unserem Rücken niederlassen.

Lernen, sich anrühren zu lassen

Nach drei Tagen Retreat (das übliche Format eines Sesshin, eines Zen-Retreats) haben die meisten Menschen ein Gefühl, als seien ihnen endlich die Augen geöffnet worden: Sie haben das entwickelt, was man im Buddhismus »die tiefe Sicht« nennt. Was für ein Abenteuer! Während der ganzen Zeit hat man sich auf das Allereinfachste beschränkt: sitzen, essen, Dank sagen, Gemüse schneiden, schlafen … Und doch sind die Konturen der Welt schärfer geworden, alles hat mehr Saft, mehr Geschmack gewonnen. Die Welt hat sich nicht unbedingt verändert, doch die Teilnehmer haben sich ihre Fähigkeit des Schauens, des Sich-anrühren-Lassens zurückerobert. Davon zeugen schon ihre Gesichter. Wie viele sind mit schweren Gliedern und tiefen Schatten unter den Augen angekommen! Das traditionelle Foto am Ende eines Retreats zeigt immer strahlende Gesichter, leuchtende Augen und entspannte Züge.

Doch ich will nicht leugnen, dass ein Sesshin schwierig ist! Zum einen, weil der Körper so lange stillhalten muss, zum anderen, weil unsere Emotionen dabei ja nicht plötzlich verstummen. Die greifbare Freude stellt sich erst ein, wenn die Schatten überwunden sind. Daher ist ein Retreat durchaus zu vergleichen mit dem sprichwörtlichen »Weg des Helden«. Jeder findet darin seine ganz eigene Herausforderung (schmerzende Knie, rasende Wut, Gedanken, die uns nicht loslassen wollen …), seinen Drachen, den es niederzuringen gilt. Jeder entdeckt dabei seine höchstpersönlichen Ressourcen, um den Kampf zu führen, die Prinzessin (oder den Prinzen) zu befreien und – endlich! – den Lorbeerkranz des friedlichen Kriegers zu erringen.

In dem Moment, in dem ich diese Zeilen schreibe, sitze ich in einem Straßencafé in Straßburg, neben mir eine Familie, die sich unterhält. Großvater, Mutter und der etwa zwölfjährige Sohn haben sich ein paar Plätze weiter niedergelassen, um einen Flammkuchen zu essen. (Natürlich mit Munster-Käse, schließlich sind wir im Elsass!) Der Großvater ruft mit dem Handy seiner Tochter ein anderes Kind an: »Wir denken an dich. Wir essen gerade einen Flammkuchen und denken dabei ganz fest an dich. Es schneit übrigens. Hast du auch Winterreifen drauf?« Dieses Gespräch rührt mich zutiefst. Die menschliche Fähigkeit, Anteil zu nehmen, ist grenzenlos. In einem Zen-Retreat finden wir wieder Zugang zu genau dieser spontanen Zärtlichkeit.

Lange, ja, sehr lange Retreats

Manche von uns sind schon im Kloster, seit es 1999 gegründet wurde. Das ist noch mal etwas ganz Anderes. Achtzehn Jahre gemeinsamen Lebens, unter dem gestirnten Gewölbe der Spiritualität, spinnt zwischen den Beteiligten ein ganz besonderes Band. Und die Stille hat darin einen eigenen Platz. Sie ist das Schatzkästlein der Gemeinschaft.

Wenn man gelobt hat, seinen Alltag mit anderen Klosterbewohnern zu teilen, deren fröhliche oder knatschige Miene man von morgens bis abends sieht, braucht es ein gewisses Maß an Diplomatie. Vor allem aber sollte man lernen, den Mund zu halten. Zu Anfang haben wir, im kindlichen Eifer unseres gemeinsamen Lebens, versucht, alles auszusprechen oder den anderen zu verändern. Wir haben uns Strategien überlegt, wie wir die Bedeutung unseres persönlichen Standpunkts unter Beweis stellen können. In diesen doch sehr gesprächigen Stunden, in denen unsere Gemeinschaft geboren wurde, haben wir geredet und geredet. Wir haben uns ausgetauscht und uns auch unsere Wut nicht erspart. Wir haben uns die Köpfe eingerannt bis zum Gehtnichtmehr. Wir waren tagelang beleidigt und haben sinnlose Dinge durchgekaut, bei denen sich der gesunde Menschenverstand – hätte man ihm nur gelauscht! – verächtlich abschaltete, weil sie gar keinen Sinn ergaben.

Nach all diesen Jahren haben wir vor allem eines gelernt: »Nützliche« Konflikte sind dünn gesät. Und der Großteil unseres Schmollens und Gekränktseins ist schlicht und einfach lächerlich. So hüllen sich inzwischen Mönche wie Nonnen in gemeinsames Schweigen, das uns als Faustpfand der Eintracht dient. Natürlich gibt es immer noch unsere wöchentliche Versammlung, in der man den ein oder anderen strittigen Punkt bespricht und etwa darüber debattiert, ob man neue Teller anschaffen (tatsächlich!) oder etwas am Service verändern sollte. Dabei kommt es mitunter zum Krach, der jedoch schnell wieder beigelegt und vor allem schnell wieder vergessen ist. Im Alltag aber bemüht sich jeder, Vorwürfe, persönliche Sorgen und Missstimmungen et cetera zu vergessen. Das tut der allgemeinen Stimmung gut. Die Tatsache, dass Woche für Woche auch Anfänger unter uns sind, fördert diese Zurückhaltung zusätzlich.

Auf diese Weise werden Konflikte auch viel schneller beigelegt. Man lässt die Probleme einfach vorübergehen – wenn es möglich ist –, so ähnlich, wie man während der Meditation Gedanken und Emotionen vorüberziehen lässt. Die Geschichte unserer gemeinsamen Jahre hat uns eines gelehrt: Wir können mit Fug und Recht unser Vertrauen in die Vergänglichkeit der Dinge setzen, in die Möglichkeit, dass Situationen sich selbst befrieden. Natürlich hatte ich schon mal »Streit« mit jedem der Mönche bzw. Nonnen hier. Zu diesem oder jenem Zeitpunkt sind unsere gegensätzlichen Meinungen frontal aufeinandergeprallt, ohne dass wir es geschafft hätten, vom fahrenden Zug abzuspringen. Und am Ende hat der Konflikt dasselbe Schicksal erlitten wie jede Rose – er ist verblüht. Doch unsere Bedürfnisse oder vielleicht auch nur das Vergehen der Zeit haben die Versöhnung möglich gemacht. Schon diese Feststellung allein ist wertvoll. Es ist möglich, das Zusammenleben zu lernen!

Die Regel des Schweigens aber wird zwar empfohlen, ist jedoch keineswegs uneingeschränkt gültig. Natürlich gibt es auch im Kloster zahlreiche Gelegenheiten, ein paar Worte zu wechseln, wenn nötig. Manchmal ist es auch gut, »den Sack zu leeren«, wenn er überzulaufen droht. Beim *Dokusan* (den Einzelgesprächen mit dem Abt) zum Beispiel, bei dem uns erlaubt ist, frei von der Leber weg zu reden. Doch die freigelassenen Worte bleiben in dem Raum, und der Praktizierende geht erleichtert von dannen. Manchmal hat man das Problem schon vergessen, noch bevor man die Tür hinter sich schließt.

Die Intimität der Stille

Die Bewohner unseres Klosters kommen aus allen möglichen Altersklassen und sozialen Schichten. Daher begegnen sich dort Welten, die sich in der Wirklichkeit draußen niemals berühren würden. Im Kloster Ryumonji leben zum Beispiel im Augenblick: ein Saxophonlehrer, ein Rucksacktourist, der die gesamte Erde durchmessen hat, eine Sekretärin, eine Krankenschwester, eine Sozialarbeiterin, ein Klempner, ein Psychologiestudent, eine TV-Schauspielerin, ein Informatikstudent, ein Mathematiker aus der Forschung, ein Programmierer, eine Beraterin von der Drogen-Hotline, ein Unternehmensleiter, ein Vertreter für Landmaschinen, eine Synchronsprecherin vom Film …

Ein wahrer Turm von Babel! Doch die Begegnungen finden nicht auf sozialem Parkett statt (wo Etikette und Rang zählen), sondern auf dem Meditationskissen, wo spirituelle Werte gelten. Wenn man überhaupt etwas vom Leben der anderen erfährt, dann im Alltag, wo man sein Gegenüber bei der Arbeit kennenlernt. Jenseits von Worten, Verhaltensweisen oder Einstellungen. So entwickelt sich zwischen den einzelnen Menschen eine echte Intimität, die auf Achtung fußt. Mit ein wenig Achtsamkeit lernen wir unsere Grenzen und Schwächen kennen und respektieren. Diese Art des Lebens schafft unter den Betroffenen eine stillschweigende und wohlwollende Übereinkunft, eine Art Korpsgeist der spirituellen Gemeinschaft.

Teil II

Stille allenthalben

Kapitel 3

Die Stille der Augen

Wenn unsere Augen gefangen sind: Visuelle Umweltverschmutzung und Vorherrschaft der Bildschirme

Augen in der Stadt

Vor einigen Jahren hatte ich mir in Straßburg eine kleine Wohnung gemietet, um meine Zeit teils im Kloster, teils in der Stadt verbringen zu können. Drei Tage in der Stadt, vier Tage auf dem Land – ein wunderbarer Weg, um sich nicht zwischen einem Leben als Stadtmaus oder Feldmaus entscheiden zu müssen! Dieses Zwischenspiel hat fünf Jahre gedauert, während derer ich die Probleme auskosten konnte, die ein Leben an zwei Wohnorten mit sich bringt. Einen Großteil meiner Zeit verbrachte ich nämlich mit dem Ein- und Auspacken meiner Reisetaschen. Aber das ist eine andere Geschichte …

In Straßburg, der »kleinen Hauptstadt«, wie man sie in Frankreich nennt, wohnte ich im Studentenviertel ganz in der Nähe der berühmten Kathedrale und nahe an einem hübschen Flüsschen, das sich träge bis ins Zentrum schlängelt. Die historischen Gebäude, die Quais, die vom frühen Morgen an von Studenten bevölkert sind, die Bars auf den Flusskähnen … all das hatte etwas sympathisch Bohemehaftes.

Und doch wurde ich mir gerade dort einer Tatsache bewusst, die mittlerweile so alltäglich ist, dass man sie fast schon wieder übersieht: die visuelle Umweltverschmutzung! Wenn ich meine Wohnung verließ, wurde mein Blick – ganz egal, ob ich nach links oder rechts ging – unweigerlich von allen möglichen Dingen angezogen: von Kaufhausschaufenstern, Werbetafeln, Lichtreklamen, die Tag und Nacht blinkten. Deren unterschwellige Botschaft war eindeutig: »Konsumiere uns!« »Kauf uns!« »Nimm uns mit!« Fast hatte ich das Gefühl, wieder ins *Dschungelbuch* eingetaucht zu sein, wo die Schlange Ka mit ihrem hypnotischen Blick den Opfern ihren Willen aufzwang. Nur dass hier die hypnotischen Lichter in die Tausende gingen. In solch einem Umfeld – das können Sie vermutlich mühelos nachvollziehen – ist es ungeheuer schwierig, konzentriert im gegenwärtigen Moment zu verweilen.

Denn da ist ja nicht nur die Suggestion, dass all diese Dinge, die es zu kaufen gibt, uns glücklich machen werden. Wir haben auch noch damit zu kämpfen, dass der Ansturm der visuellen Eindrücke uns aus unserer Mitte herauskatapultiert. Denn bei jeder Reklame wird ein visueller Reiz ans Gehirn weitergeleitet, das darauf reagieren muss: ja, nein, später, warum nicht. Bei jeder Werbung (für Unterwäsche, Telefongesellschaften, Energydrinks …) geschieht dasselbe: Mein Gehirn muss innerhalb von Sekundenbruchteilen entscheiden, was es mit dieser Information anfängt. Wäre es nicht an der Zeit, den Handyanbieter zu wechseln? Den Zustand und die Leistungen des Vorgängermodells zu überprüfen? Über die verschiedenen Flatrates nachzudenken? Und so weiter, und so fort. All dies aber läuft gewöhnlich unbewusst ab.

Ganz konkret sieht das so aus: Statt gemütlich durch die Stadt zu bummeln und die Zeit zu genießen, werde ich von den farblichen Signalen der Lichtreklamen und Schaufenster ferngesteuert. Diese hypnotische Konsumentenverzauberung hat durchaus etwas Positives: Sie lenkt von der Realität ab. Und bietet die Möglichkeit, sich in den Traum, in die Fantasie davonzustehlen und dadurch der Auseinandersetzung mit eventuellen emotionalen Problemen aus dem Weg zu gehen (siehe dazu Kap. 1, »Der Mangel«, S. 37ff.). Doch das Ganze hat auch eine negative Seite, die viele spirituelle Meister verständlicherweise als geradezu tragisch bezeichnen: Wenn ich mich nämlich von den visuellen Reizen der Außenwelt lenken lasse, entwickle ich mich zum ferngesteuerten Roboter!

Die Herausforderung Bildschirm

Doch damit nicht genug!

(Ein kurzer Einschub: Da ich eigentlich von Natur aus optimistisch bin, ist es nicht meine Gewohnheit, die negativen Seiten der Dinge aufzulisten und unter lautem Alarmgeschrei auf die Bereiche zu deuten, wo unser Leben aus dem Ruder läuft. Doch in diesem Fall breche ich mit dieser Gewohnheit, weil ich glaube, dass wir der Herausforderung, vor der wir stehen, umso leichter begegnen können, je besser wir darüber Bescheid wissen. Und da eine Herausforderung dazu da ist, angenommen zu werden, werde ich Ihnen nach einer gründlichen Diagnose Möglichkeiten aufzeigen, sicher aus der »kollektiven Hypnose« aufzuwachen. Versprochen! Ende des Einschubs!)

Also, wo waren wir? Ach ja, die ganze Geschichte geht ja noch weiter! Im Haus wie auf der Straße, in der Stadt wie auf dem Land haben wir uns mittlerweile fest in den Maschen eines unsichtbaren Netzes verheddert, das vom Bildschirm in all seinen Erscheinungsformen ausgespannt wird. Das Paradoxe daran ist, dass wir hier zugleich Fliege und Spinne sind: Wir machen uns zu freiwilligen Gefangenen eines Netzes, das wir selbst gesponnen haben oder das wir zumindest mit unserem Geldbeutel kräftig sponsern. Dabei geht es mir nicht um eine Grundsatzdiskussion darüber, ob Internet, Smartphone, Tablet und andere digitale Spielereien zu befürworten oder abzulehnen sind. Ich schreibe dieses Buch auf einem Laptop, der selbstverständlich mit dem World Wide Web verbunden ist – da wäre es doch pure Heuchelei, würde ich hier für die Rückkehr in die Steinzeit und die Abschaffung all dieser nützlichen Dinge plädieren! Ganz im Gegenteil, unser spiritueller und philosophischer Weg ist durchaus pragmatisch ausgerichtet. Wir halten es für sinnvoll, IN der Situation zu lernen und ihr nicht aus dem Weg zu gehen. In anderen Worten: Wie können wir mit der Wirklichkeit umgehen, wie sie sich uns im Augenblick darstellt?

Zunächst aber wollen wir uns mit folgender Frage beschäftigen: Was passiert eigentlich, wenn wir den lieben langen Tag von Bildschirm zu Bildschirm wechseln, vom Tablet zum Fernseher, mit einem kurzen Umweg übers Smartphone? Es passieren mehrere Dinge. Zum Beispiel vergessen wir, an welchem Ort wir uns befinden. Wir »verlieren« unseren Körper bzw. das Gefühl, einen solchen zu besitzen. Wir tauchen tief in die virtuelle Realität ein, die uns jedoch keine Erfüllung schenkt, sondern meist nur unsere Mängel, unsere emotionale Verwundbarkeit verstärkt. Durch unsere weit aufgerissenen Augen finden alle Schrecken der Welt ungefiltert Eingang in unser System. Und die paar Bildchen von süßen Kätzchen, die sich zu ein paar netten Schweinchen gesellen, sind kein ausreichendes Gegengewicht für die Bilder von blutenden Kindergesichtern aus Aleppo.

Die Allgegenwart des Bildschirms aber erzeugt bei vielen Menschen eine Art inneres Fieber. Stress entsteht. Per Mail, Twitter, Instagram oder Snapchat kommen ständig neue Botschaften herein. Um diesen künstlichen Kokon des Netzwerks aufrechtzuerhalten, das Gefühl, zu einer bestimmten Gruppe zu gehören oder besonders wichtig zu sein, ist eine sofortige Antwort unerlässlich. Die Funktionsweise unseres Gehirns sorgt dafür, dass eine nicht verarbeitete Information sozusagen in der Warteschleife bleibt. Das ist ein bisschen wie in der Schlange an der Supermarktkasse. Und diese Schlangen werden recht schnell sehr lang – wie in der ehemaligen Sowjetunion, wenn man mal einkaufen gehen wollte. Ich will Ihnen hierfür ein konkretes Beispiel geben. Ich sitze im Zug und arbeite an diesem Buch. Mein Handy signalisiert mir, dass ich eine neue Mail bekommen habe. Fast ohne es zu merken, öffne ich die Mail. Die Association Zen International (!) möchte von mir so schnell wie möglich ein Foto vom letzten Sommer-Retreat. Ich kehre zur Arbeit am Buch zurück, aber ein Teil meines Gehirns beschäftigt sich immer noch mit dem Fotowunsch, den ich ja irgendwann in den nächsten Tagen erfüllen muss. Nach zehn ähnlichen Erlebnissen, zwanzig Videos-die-ich-unbedingt-zu-meinen-Favoriten-hinzufügen-muss-um-sie-später-anzuschauen und dreißig mega-dringenden Fragen zum Thema »Meditation« ist mein Gehirn total übersättigt! Erinnert Sie das an etwas?

All diese Erlebnisse haben etwas gemeinsam: Sie katapultieren uns aus unserer Mitte heraus. Bildschirme üben – ob groß oder klein – auf uns eine bislang ungekannte Faszination aus. Wie ein 5000-Watt-Super-Sauger fürs Bewusstsein erschüttern sie auch die Konzentration des geübtesten Zen-Meisters. Sie sind tatsächlich stark! Aber das letzte Wort ist noch nicht gesprochen …

Den Blick kontrollieren: Warum und wie?

Während ich diese Zeilen schreibe, merke ich zu meiner Zufriedenheit, dass mein Reflex, automatisch in den gegenwärtigen Augenblick zurückzukehren, immer noch funktioniert. Ich habe mir diesen Reflex in den letzten Jahren antrainiert, und jetzt ernte ich die Früchte. Er beruht auf ganz einfachen physiologischen Prinzipien, die jederzeit verfügbar sind und uns keinen Cent kosten! (Was heute so selten ist, dass es sich lohnt, dies zu betonen.)

Warum den Blick kontrollieren?

Was die visuelle Umweltverschmutzung und die Allgegenwart der Bildschirme vereint, ist ihre Fähigkeit, uns in die Außenwelt zu ziehen. Sie katapultieren uns heraus aus unserer Mitte und lassen in uns das bekannte, wenn auch kaum merkliche Gefühl latenter Unzufriedenheit entstehen, das uns innerlich ständig in fieberhafte Habachtstellung versetzt. Unser Kopf wird hyperaktiv, er schaltet in den Stressmodus, weil er im Außen die Lösung für sein inneres Fieber sucht.

Glücklicherweise ist es möglich, dieses mentale Stroboskop ruhigzustellen. Da es vorzugsweise unsere Augen sind, die diese visuellen Reize verarbeiten müssen, arbeiten wir daran, unsere Augen zu entspannen. Wir kontrollieren den Blick, um eine gesunde Herrschaft über uns selbst zurückzugewinnen.

Wie soll das gehen? Augen in der Stadt …

Es gibt verschiedene Möglichkeiten, sich durch eine Stadt zu bewegen. Ich möchte Ihnen hier eine Art Gehmeditation empfehlen, und zwar in Ihrem ureigensten Rhythmus. Die Idee dahinter ist, dass Sie sich Ihren Blick zurückholen, um die Kontrolle über Ihren Geist wiederzuerlangen. Schon nach wenigen Minuten werden Sie merken, wie gut es tut, ohne die

Konsumhypnose durch die Stadt zu schlendern. Und Ihr Geist wird dabei immer ruhiger.

Sie können diese Übung überall anwenden, schließlich ist man gar nicht so selten in der Stadt unterwegs (auf dem Weg zur Arbeit oder an die Uni, beim Einkaufen oder im Café mit Freunden). Versuchen Sie, diese Übung so oft wie möglich zu machen, damit Sie Schritt für Schritt Verhaltensweisen erlernen, die Sie in die Wirklichkeit zurückführen. Und das geht so:

1. Zunächst einmal müssen Sie daran denken, sobald Sie das Haus verlassen: Rufen Sie sich die Vorteile ins Gedächtnis, die diese Übung mit sich bringt. Oder sagen Sie einfach: »Nein! Ich will kein Roboter sein!« Das motiviert unheimlich, nicht wahr?
2. Dann gehen Sie los und achten darauf, worauf Ihr Blick fällt. Sie kontrollieren ganz bewusst, wohin Sie gucken. Machen Sie sich klar, worauf Ihr Blick ruht, sobald er etwas in den Fokus nimmt. Entscheiden Sie sich bewusst, an dem ein oder anderen Spektakel vorbeizuschauen, an diesem Schaufenster, jener Reklame, diesem Menschen und so weiter.
3. Diese Praxis wird in vielen spirituellen Traditionen gepflegt. Man nennt sie »Konzentration« oder »Sammlung«. Und sie erfordert einiges an Übung.
4. Machen Sie das ungefähr fünf Minuten lang, und zwar jedes Mal, wenn Sie unterwegs sind. Beobachten Sie die Momente, in denen Ihre Aufmerksamkeit sich davonstiehlt und Ihren Blick in eine andere Richtung lenkt. Sich bewusst zu machen, was einen an die Leine nimmt, ist

hochinteressant! Und es ist ein wunderbares Werkzeug zur Selbsterkenntnis, jenseits aller Verurteilung.

5. Anfangs erscheint Ihnen die Übung vielleicht schwierig, vor allem sobald Sie, wie andere Anfänger vor Ihnen, feststellen, wie schnell sich unser Geist aus dem Staub macht. Keine Sorge: Das ist völlig normal! Doch die Übung der Konzentration lässt sich schnell erlernen, Schritt für Schritt.
6. Ein Tipp: Richten Sie Ihren Blick anfangs lieber zu Boden. So beruhigt sich der Blick leichter. Anscheinend sind Dinge, die am Boden liegen, weniger interessant … außer natürlich, Sie beginnen, auch Zigarettenkippen poetisch zu finden oder die Bilder, die sich in Regenpfützen widerspiegeln. Aber im Normalfall ist es ein gutes Hilfsmittel, den Blick ein paar Meter vor sich auf den Boden zu richten. So koppeln Sie sich vom Netz visueller Reize ab und kehren in Ihre Mitte zurück.

Den Blick befrieden: Schau-Pausen

Die Verbindung von Körper und Geist

Wir müssen die Beziehung zwischen unserem mentalen und unserem physiologischen Part nicht erst stiften. Wie Sie in wenigen Minuten selbst feststellen können, beeinflusst der Körper den Geist und umgekehrt. Das klingt zunächst banal, spielt aber für unsere Suche nach Wissen und Weisheit eine entscheidende Rolle, ob wir diese nun zur Persönlichkeitsentwicklung oder zur Vertiefung unserer Spiritualität unternehmen. So versuchen tibetische Mönche oder japanische Shugendō-Praktizierende über Körperübungen ihr intuitives Verständnis der Wirklichkeit zu steigern. Die einen können sich nackt im Schnee aufhalten, weil sie sich geistig ein Feuer vorstellen. Die anderen üben unter einem eisigen Wasserfall, ihre Konzentration aufrechtzuerhalten, um außergewöhnliche geistige Fähigkeiten zu erlangen.

In buddhistischen Kreisen kursiert auch die folgende Geschichte, die drastisch zeigt, wie groß die Macht des Geistes über den Körper im Negativen wie im Positiven sein kann. Ein Mann reinigt in England einen Kühllaster, als sich durch ein Versehen die Türen schließen. Er ist eingeschlossen. Der Lastwagen aber macht sich auf die Fahrt durch ganz Europa. Als der Fahrer in Sevilla ankommt und die Türen zur Ladefläche öffnet, findet er den Mann darin erfroren vor. Und jetzt kommt's: Das Kühlsystem des Wagens war ausgefallen!

Umgekehrt beeinflusst auch der Körper den Geist, vor allem unsere psychische Verfassung. Daher können wir unsere Stimmung ändern, wenn wir mit dem Körper arbeiten.

Ein wichtiger Hinweis: Die unten beschriebene Übung für die Augen wirkt auf den ersten Blick simpel, entfaltet aber eine enorme Wirkung. Sie gehört zu den wichtigsten Grundlagenübungen. Sie können sie während der nächsten fünfzig Lebensjahre praktizieren (ja, ich bin Optimistin!), und Sie werden doch immer wieder Neues entdecken. Denn Sie lernen dabei, vollständig loszulassen. Außerdem können Sie so unmittelbar feststellen, wes Geistes Kind Sie gerade sind. Sie ist in den ältesten Texten zur Spiritualität beschrieben und gehört zum Instrumentarium jahrtausendealter Weisheitslehren, da sie unseren Blick für eine andere Form der Wahrnehmung öffnet, die die Dichter schon seit jeher kennen.

Vorsicht: Das folgende Gedicht kann eine Bresche der Zärtlichkeit in Ihr Herz schlagen … einen verstörenden Spalt öffnen … Atmen Sie tief durch … Sind Sie bereit?

Sinkt jeder Tag
Hinab in jede Nacht,
so gibt's einen Brunnen,
der drunten die Helligkeit hält.
Man muss an den Rand
des Brunnendunkels hocken,
entsunkenes Licht zu angeln,
mit Geduld.

Pablo Neruda, aus: *Letzte Gedichte*[6]

Na, wie ist es? Sind Sie bereit, das Tor zum Garten der Wunder aufzustoßen? Wenn ja, dann geht das so:

Die Übung der Schau-Pause

- Setzen Sie sich ruhig hin, zum Beispiel vor Ihren ausgeschalteten Computer. Achten Sie auf eine möglichst gerade Haltung. Sie sind voller Energie und motiviert wie ein Forscher, der sich aufmacht, eine neue Welt zu erkunden. Die

6 Übersetzt von Fritz Vogelsang, Darmstadt/Neuwied 1975.

Fußsohlen haben guten Kontakt zum Boden. So können Sie sich Ihrer Verbindung zur Erde ganz sicher sein und sich Ihren Körper bewusstmachen.
- Richten Sie nun Ihren Blick etwa ein bis zwei Meter vor sich auf den Boden.
- Nun entspannt sich die Muskulatur um die Augen Schritt für Schritt immer stärker: die Lider, die Augenhöhlen, die Muskeln hinter den Augen. Anfangs werden Sie feststellen, dass die Muskulatur recht angespannt ist. Das kommt von unserer intensiven mentalen Beschäftigung. Es ist nicht weiter schlimm. Zu Beginn ist das absolut normal. Es genügt, wenn Sie es registrieren. Dieser Zustand wird sich ohnehin bald legen …
- Nach einigen Minuten entspannt sich der Blick. Die Wangenmuskeln lassen locker, das ganze Gesicht verliert seine Anspannung. Ihre innere Haltung ist vollkommen neutral, ohne etwas zu wollen, ohne nach Ausdruck zu streben.

Das Phänomen des Greifens

Die Augen sind die ausführenden Organe einer inneren Haltung, die wir »das Greifen« nennen, ein willentliches Erreichen-Wollen. Dieser Energie unterliegt jede unserer Lebensäußerungen. Wie stark dieses Greifen ist, können wir beispielsweise feststellen, wenn wir – endlich! – Ferien haben. Wir haben wochenlang geschuftet, um uns diesen tollen Urlaub leisten zu können. Monatelang haben wir davon geträumt, wie wir uns wohlig auf dem feinen Sand ausstrecken und den Blick über das türkisfarbene Meer schweifen lassen, während die Sonne uns den Rücken wärmt. Und jetzt ist es so weit! Wir sitzen auf unserem Badetuch, auf dem Wasser schimmern Lichtreflexe. Doch unser Glück ist von kurzer Dauer. Kaum ist der erste Augenblick vorüber, fängt unser Gehirn an, neue Aufregungen zu suchen und zu finden: Es ist viel zu heiß! Der Sand kratzt auf der Haut. Wir haben Durst. Wir müssen unbedingt ein paar Fotos machen, um sie auf Instagram zu posten. Wir haben die Sonnenbrille vergessen. Eigentlich würden wir jetzt gerne schwimmen gehen, aber wie ist es hier mit Haien … eine Art ununterbrochener Unzufriedenheit, weil uns immer irgendetwas fehlt. Das ist der Mangel, der spontan in jedem Menschen entsteht. (Siehe dazu Seite 37ff.)

Um dieses Gefühl der Unzufriedenheit zu beseitigen, setzt das Greifen ein, der Wille, etwas zu tun, zu bewegen, zu ändern, sich etwas anzueignen. Wir wechseln die Position, wir bestellen einen Cocktail, wir drehen uns auf dem Badetuch hin und her. Wir gehen ins Wasser, wir kehren aufs Handtuch zurück, wir betrachten die anderen Badegäste, die kleine Strandgemeinde, nur um uns ein wenig abzulenken. Bei all diesen Prozessen spielen die Augen eine zentrale Rolle. Immer wenn wir etwas außerhalb unser selbst suchen, spannen sie sich an. Eine winzige, aber durchaus reale Anspannung. Denn wir suchen die Befriedigung unseres Mangels ja in der Außenwelt.

Dabei müssen wir nur lernen, die Augen zu entspannen, um die innere Anspannung zu lösen! Die Übung ist so einfach, dass ich mich kaum getraut habe, sie Ihnen vorzuschlagen. Was werden meine Leser dazu sagen? Zum Beispiel: »Was soll das denn? Nimmt sie mich etwa auf den Arm? Ich soll meine Augen entspannen, und das soll all meine Probleme lösen?!« Doch genau so ist es. Diese Bewusstwerdung bringt einen Wechsel des Blickwinkels mit sich. Nehmen Sie sich ein bisschen Zeit und probieren Sie es in aller Ruhe aus!

Die Vorzüge der Einfachheit

Als ich vor gut zehn Jahren ein Zen-Retreat in Japan machte, war ich verblüfft über die Kunst der Einfachheit. Noch mehr erstaunte mich das Wohlbefinden, das sich in ihrem Gefolge einstellt. Die Lebensbedingungen im Kloster von Nagoya waren sehr rau (keine Heizung, nur kaltes Wasser, hautnahes Zusammenleben …). Und die zierlichen Nonnen waren zwar Zen-Praktizierende, aber sie hatten eine Art, die mir nicht erlaubte, mich hinter meinen üblichen Schutzwällen zu verstecken. Ich wurde von morgens bis abends herumgeschickt. Ich rannte durch die Gänge, wusste nicht recht, warum, und bemühte mich redlich, niemanden zu stören. Meine abendländische Art wurde argwöhnisch beäugt, die Belehrungen wurden meist nur in Japanisch gegeben … und doch machte der Zauber dieses Ortes, die tiefe Weisheit, die er ausstrahlte, alle Prüfungen wett.

Eines Nachmittags führte mich eine der Nonnen in einen privaten Teeraum: Dort empfing Zen-Meisterin Aoyama, die ehrwürdige Äbtissin des Klosters, ihre besonderen Gäste. Ich sollte dort gründlich Staub wischen, achtsam mit jeder Geste und ganz konzentriert auf meinen Staublappen, als sei er ein kostbares Juwel. Nach einigen Minuten hob ich den Blick von dem Tisch, den ich wienerte. Er fiel auf einen Alkoven von etwa 1,80 Meter Höhe und 60 Zentimetern Breite, eine Art Nische in der Wand. Der Alkoven war leer bis auf … eine kleine Statue der Kannon, der Göttin des Mitgefühls, die ihre zarte, filigrane Gestalt hoch in den Himmel reckte. So klein die Statue war, so schien die Göttin doch um sich herum ein sanftes Licht zu verbreiten. Der Teeraum war ansonsten völlig karg, nur diese kleine Statue, die in dem großen Alkoven fast ein wenig verloren wirkte. Dennoch hatte ich das Gefühl, eine geheime Belehrung erhalten zu haben, die sich nur dem zeigt, der zu sehen weiß: die gelassene Schönheit des leeren Raums.

Aus dieser minimalistischen Haltung, geprägt von der Tradition des Zen, zieht die japanische Kunst seit Jahrhunderten ihre Inspiration. Ausgehend vom Prinzip, dass alles, was sich in unserer Umgebung befindet, eine unmittelbare Wirkung auf unseren Geist hat, warum lassen wir uns nicht von ihr inspirieren und befrieden unsere visuelle Umwelt? Wir könnten aufräumen, ausräumen, leeren und alles weggeben, was wir nicht unbedingt brauchen. Wir könnten es verschenken, spenden oder verkaufen. Und unseren Augen den Luxus der Leere gönnen! Eine bewusste Leere, die für Weisheit und Ruhe steht, in der der offene Raum seine Flügel entfaltet und wir mit ihm.

Was spielt sich in meinem Kopf ab? Eine Begegnung mit geistigen Bildern … die wir loslassen lernen

Als ich zu meditieren begann, sagte man mir, worauf ich alles achten sollte: die Haltung, den Atem, die Gedanken. Am häufigsten hieß es: »Lasst eure Gedanken wie kleine Wolken am Himmel vorüberziehen.« Dieser Satz hat mich immer verblüfft. Zunächst einmal, weil zu Anfang meine Gedanken eher riesigen schwarzen Gewitterwolken glichen als hübschen weißen Schäfchen und ich ihrer nicht Herr wurde. Dazu fehlten mir zwei wichtige Informationen. Zum einen: Was sind Gedanken überhaupt? Und vor allem: Wie lässt man sie »vorüberziehen«?

Während der langen Stunden der Praxis ertappte ich mich immer wieder dabei, wie meine Gedanken Amok liefen, während der Meister mit der Zuversicht dessen, der genau weiß, wovon er spricht, sagte: »Sobald ein Gedanke auftaucht, lasst ihn vorübergehen, ohne einzugreifen …« Und mein kleiner innerer Punk antwortete: »Ja, alles klar. Aber wie soll das gehen?« Bevor ich also völlig durchdrehte oder – noch schlimmer – Amok lief, beschloss ich, mich mit dieser Frage eingehend zu beschäftigen. Indem ich mir die jüngsten neurowissenschaftlichen Forschungsarbeiten zu den verschiedenen Bewusstseinszuständen zu Gemüte führte, aber auch, indem ich mich auf verschiedene Bewusstseinszustände einließ, zum Beispiel auf die Hypnose. Bei meiner Ausbildung zur Hypnotherapeutin habe ich eine einfache Klassifikation von »Gedanken« kennengelernt, die mir meine Aufgabe erheblich erleichterte.

»Still, wir drehen!«: Der Inhalt unserer Gedanken

Keine Angst, ich werde nun nicht all meine Gedanken vor Ihnen ausbreiten! Zum einen, weil die Kinder noch nicht im Bett sind, zum anderen, weil es sicher Dinge gibt, die Sie mehr interessieren werden: die Struktur oder Form der Gedanken. Im Buddhismus nennt man sie auch »Objekte des Geistes«. Gedanken, die man als »Objekte« bezeichnet, sind Dinge, die man auch ein bisschen weiter wegschieben kann, um sie genauer zu betrachten. Die Verdinglichung unserer mentalen Inhalte vereinfacht die Beobachtung. Der Fachausdruck dafür, mit dem Sie bei Meditationsseminaren in Ihrer Firma oder beim Abendessen mit Freunden brillieren können, lautet »Metakognition«. Die buddhistische Lehre geht sogar noch einen Schritt weiter und hat die geheimnisvolle Hypothese aufgestellt, dass es ein »Denken ohne Denker« gibt. Tatsächlich lassen jüngste Forschungsarbeiten über das Gehirn ebendies vermuten. Denn dieselbe Forschergemeinde antwortet auf die entscheidende Frage: »Aber woher kommt denn das Bewusstsein?«, mit einem schmallippigen: »Keine Ahnung.«

Also kurz zusammengefasst: Uns geht es um die Frage, was man unter »den Gedanken« versteht. Anders ausgedrückt: »Was habe ich eigentlich im Kopf?« Rein formal kann man die Gedanken in drei verschiedene Kategorien unterteilen: Bilder, Klänge und körperliche Empfindungen.

Im Rahmen dieses Kapitels, in dem es um die Stille der Augen geht, sind es vor allem die geistigen Bilder, die uns interessieren. Wenn wir nachdenken oder unserem Gedankenstrom freien Lauf lassen, sind häufig visuelle Vorstellungen am Werk: Wie ein innerer Film, der automatisch abläuft und die unterschiedlichsten Themenbereiche streift. Ohnehin scheint der Regisseur unablässig die unterschiedlichsten Drogen einzuwerfen, denn meist hüpfen wir von einem Thema zum nächsten, ohne nachvollziehbaren Zusammenhang: von der Einkaufsliste (wobei wir uns die Produkte, die Liste selbst oder die Gänge im Bio-Laden vorstellen, in dem wir gewöhnlich unsere Besorgungen machen) zu unseren Plänen für den Nachmittag (wir stellen uns vor, was wir tun, oder blättern in Gedanken eine Seite in unserem Terminkalender um) bis hin zum Auto, das wir demnächst zur Reparatur bringen müssen. Und das ist nur die sichtbare Spitze des Eisbergs, mag sie allein schon wie das entfesselte Chaos wirken. Betrachten wir jedoch unseren Gedankenfluss mit vertiefter Konzentration (zum Beispiel während der Meditation), dann erscheinen uns die visuellen Gedanken wie Brotkrumen, wie ein Aufblitzen verschiedenster Eindrücke schnell hintereinander: Lichtblitze, Bildfolgen, Erinnerungen et cetera. Interessanterweise finden sich darin immer wieder kreative Einfälle, die in den verschiedensten Bereichen sinnvoll genutzt werden können: natürlich in allen visuellen Künsten, aber auch bei der Projektplanung, im Deko-Bereich, für die Küche und so weiter … (Ja, natürlich, ich sage das nur, um Sie ein bisschen zu motivieren.)

Aber Gedanken können natürlich auch auditive Form annehmen. Darüber werden wir im nächsten Kapitel noch mehr hören. Vorläufig nur dies: Dabei handelt es sich um wahrnehmbare Klänge, die im Gehirn widerhallen. Dazu gehört auch unser innerer Dialog, den ich hier immer als »kleine Stimme im Kopf« bezeichne. Darüber gibt es manches zu sagen, vor allem wenn Ihr innerer Dialog – wie bei mir – quasi durchdreht. Als würden Sie vom Gipfel der Alpen mit dem Fahrrad in die Po-Ebene hinunterschießen. (Mehr dazu in Kapitel 4 ab Seite 93ff.)

Die dritte und letzte Kategorie der »geistigen Objekte«, der Gedanken also, die »wie kleine Wolken über den strahlend blauen Himmel« ziehen, sind die körperlichen Empfindungen, alles also, was Sie im Körper spüren. (Hiermit werden wir uns in Kapitel 5 beschäftigen.)

Ein paar nette Spielchen mit Ihrem Gehirn

So weit, so gut. Aber was können wir nun tun, um unsere innere Stille zu fördern? Oder anders gesagt: »um den inneren Fernseher auszuschalten«. Da gibt es die ein oder andere Möglichkeit. Der erste Schritt wäre, sich der eigenen Gedanken bewusst zu werden.

Den »inneren Film« angucken

Zu diesem Zweck setzen sich die Weisen aller Kulturen unbeweglich hin und üben sich in Stille. Es scheint, dass es die Innenschau fördert, wenn man sich aus dem allgemeinen Tohuwabohu ausklinkt und sich friedlich an einem ruhigen Ort niederlässt. Klingt logisch. Und hatten wir nicht gesagt, dass wir es auf unserem Pfad zur Weisheit den Experten gleichtun wollen? Also brauchen wir zunächst einen ruhigen Ort, an dem wir uns beim Denken zuschauen können! Mit der Zeit lässt sich diese Beobachtung überall durchführen. Tatsächlich wird sogar empfohlen, die Übung auf alle Aktivitäten auszudehnen. So nämlich können wir in Echtzeit erleben, was »da oben« unter unserer Schädeldecke vorgeht.

Allerdings ist die Regel der Stille und Unbeweglichkeit vonseiten der Philosophen nicht unwidersprochen geblieben. Es gibt unter ihnen offensichtlich ganz leidenschaftliche Spaziergänger. Heidegger zum Beispiel hielt das Gehen für die dem Denken förderlichste Art der Körperhaltung. (Ob Heidegger geistige Bilder sah? Das werden wir wohl nie herausfinden. Aber ich neige eher dazu, das Heidegger'sche Denken als inneren Dialog zu sehen.)

Wenn Sie also ruhig dasitzen, schließen Sie einen Moment lang die Augen. Oder richten Sie den Blick vor sich auf den Boden. So beruhigen Sie nach und nach Ihre Augen, was – wie wir gehört haben – die Zahl der auftauchenden Gedanken verringert. Doch dies ist nicht das Ziel der Übung. Denn nun machen wir uns daran, dem Gehirn und seinen höchst erstaunlichen Inhalten auf die Schliche zu kommen. Lassen Sie den Projektor laufen und beobachten Sie die aufblitzenden Bilder, Farben und Formen: Ein ganzes Universum öffnet sich Ihrem Blick!

Um etwas zu beobachten, braucht man einen Beobachtungsposten, also einen Ort, von dem aus man seine Beobachtungen anstellen kann. Man spricht hier vom »reinen Bewusstsein«, vom »Zeugenbewusstsein« oder vom »Beobachtungsbewusstsein«. Olivier Reigen Wang-Genh, mein erster Meister, sprach immer von der »Vollen Präsenz«. Dieser Begriff bezieht den ganzen Körper in den Beobachtungsvorgang ein, und das entspricht tatsächlich der Erfahrung, die man dabei macht. Ein kleiner Tipp: Man kann den Kopf nicht vom Kopf aus beobachten! Sie müssen also einen anderen Blickwinkel finden, eine gewisse Distanz.

Ich für meinen Teil habe mehrere (genauer gesagt: fünf) Jahre gebraucht, bis ich dazu fähig war. Das lag vor allem daran, dass mein Weg von vielen Hindernissen gesäumt war: unkontrollierte Emotionen, Ängste und ein massiver Mangel an Zutrauen zu meinen Fähigkeiten. Diese Dinge nahmen meinen gesamten inneren Raum ein, und ich fand kein Mittel, einen Schritt zurückzutreten und mich davon zu verabschieden. Daher habe ich parallel eine Psychotherapie gemacht, die höchst interessant ausfiel. Danach wandte ich mich der Hypnose und vor allem der Autosuggestion zu.

Während der ersten Jahre meiner Praxis blieb es bei einem Herantasten an meinen »inneren Film«. Doch obwohl ich mehr oder weniger im Dunkeln tappte, hatte ich immer stärker das Gefühl, dass der Nebel sich lichtete wie am Morgen auf einer ländlichen Wiese. Meine Sonne, die meine inneren Gefilde wärmte, war das regelmäßige stille Sitzen. Im Kloster begeben die Bewohner sich morgens und abends ins Dojo, um Zazen zu üben, die Sitzmeditation. Ob es nun regnet, stürmt oder schneit, die zeitliche Struktur bleibt immer dieselbe. Und der Körper selbst scheint auf diese Momente der Ruhe, die dem Tagesablauf seinen Rhythmus geben, förmlich zu warten.

Das Spiel mit den Bildern … um zur Stille zu finden

Die folgende Übung entdeckte ich während meiner Ausbildung in Hypnotherapie und Neurolinguistischer Programmierung (NLP). Anders als bei der vorangehenden Übung wird hier aktiv in den Gedankenstrom eingegriffen, statt ihn nur zu beobachten. Aus buddhistischer und spiritueller Sicht bleiben wir dabei im Gedankenstrom und erlangen keinen Zugang zur »Vollen Präsenz«. Wir arbeiten also mithilfe des Kopfes am Kopf. Dennoch liegt mir nichts ferner, als diese Übung und ihre Vorzüge schlechtzureden! Die Arbeit mit den geistigen Bildern kann sehr, sehr wirksam sein. Daher bringe ich sie allen Patienten bei, die sich von mir hypnotherapeutisch behandeln lassen.

Die zugrundeliegende Idee ist tatsächlich sehr einfach: Unsere innere Welt ist ein Abbild der äußeren Welt, das von unseren Wahrnehmungsmustern abhängt. Ein einfaches Beispiel: Lassen Sie zwei verschiedene Personen dieselbe Landschaft betrachten, dann wird sich das innere Bild, das sich die beiden von der Landschaft machen, unterscheiden, und zwar abhängig davon, wie die beiden mit den erhaltenen Informationen umgehen. Der eine ist ein Träumer, der ständig den Kopf in den Wolken hat. Er sieht vielleicht den Himmel. Der andere ist ein Landwirt im Ruhestand und sieht sich daher an, wie die Felder bestellt sind. Wenn Sie dazu noch mehr und komplexere Untersuchungen lesen möchten, dann besorgen Sie sich doch Schopenhauers *Die Welt als Wille und Vorstellung*. Er beschäftigt sich eingehend mit diesem spannenden Thema … und mit vielen anderen, ebenso interessanten Fragen.

So weit, so gut. Und nun zur Übung:

Setzen Sie sich ruhig hin, wie bei der Beobachtungsmeditation. Schließen Sie die Augen und beobachten Sie Ihre inneren Bilder (ohne zu blinzeln!). Es ist ratsam, den Bilderstrom dabei ein wenig zu verlangsamen. Stellen Sie sich zum Beispiel vor, dass die Bilder in Zeitlupe kommen. Oder dass sie schwerelos einherschweben, eines nach dem anderen. Sie sind schließlich der Filmvorführer. Der Apparat ist in Ihrer Hand. Stellen Sie sich vor, Sie hätten eine magische Fernbedienung, mit der Sie auf den Film Einfluss nehmen können … Alles ist möglich! Auf diese Weise eröffnen Sie sich in Ihrem geistigen Universum stille Strände oder zumindest Strandabschnitte, in denen nicht ganz so viel Trubel herrscht. Das ist ein wunderbares Mittel gegen Stress!

Das Geheimnis

Die Beobachtungsmeditation (S. 75ff., 88) macht Sie mit Ihren inneren Bildern vertraut. Es ist daher immer sinnvoll, mit einigen Minuten der Beobachtung anzufangen, sozusagen als Check-up, bevor Sie in Ihren Gedankenstrom eingreifen.

Kapitel 4

Die Stille der Worte

Von allen Leuten, die nichts zu sagen haben,
sind die angenehmsten jene, die das lautlos tun.

Nicolas de Chamfort

Ich war immer ein rechtes Plappermaul! Nichts ist schöner, als hemmungslos zu plaudern … Schon in der Grundschule handelte ich mir deshalb die ein oder andere Ermahnung ein. Ich war halt auch ein sehr lebhaftes Kind! Da hieß es dann: »Die begabte Schülerin lenkt ihre Nachbarinnen ab.« Oder: »Gute Noten, aber kein Benehmen!« Und so weiter. Bereits in diesen jungen Jahren haben meine Eltern mich auf die Empfehlung meiner bewundernswerten Lehrerin, Madame Geneviève Deverain, zu einem Hatha-Yoga-Kurs geschickt, um mich ein bisschen zu zähmen. Anfang der Achtzigerjahre war Yoga noch wenig verbreitet und eine solche Maßnahme ein absolutes Novum. Ich hatte Glück, denn die segensreichen Anstöße, die ich dort erhielt, haben zweifellos dazu beigetragen, die Spiritualität in späteren Jahren in den Mittelpunkt meines Lebens zu rücken. Wie auch immer, mit sieben oder acht Jahren war ich – Yoga hin oder her – eine echte Quasselstrippe!

Daran hat sich auch in den folgenden Jahren nichts geändert. Die Stille erlebte ich erst sehr viel später als etwas Angenehmes. Und mehr noch: Ich erfuhr sie als das tiefe Glück, nichts zu sagen. In der Gruppe brennen meine Worte immer noch Wunderkerzen ab. Doch meist erlebe ich es als vollkommenen Luxus, nichts sagen zu müssen und einfach nur zu beobachten. Die Ruhe vor den Silben, die ich – ob nun in der Stadt oder im tiefen Wald – im vollkommenen Bewusstsein meines Glücks genieße. Doch dem sind viele Etappen vorausgegangen. Und ebendiese möchte ich Ihnen jetzt in beinahe chronologischem Verlauf vorstellen.

Der Mythos von der vollkommenen Stille

Erstaunlicherweise bestand der erste Schritt darin, mich mit meinem Geplapper zu versöhnen, es als normale Gegebenheit meiner Existenz zu akzeptieren und mir die verschiedenen Elemente bewusstzumachen, die zu diesem inneren Aufruhr beitrugen.

Wieder möchte ich eine Randbemerkung einflechten: Ist Ihnen schon mal aufgefallen, dass der Weg der Evolution oft rückwärts führt? Dass der »Fortschritt« nicht selten eine »Rückkehr zum Ursprung« ist? Vorwärtskommen nicht durch die Entwicklung neuer Qualitäten – die vollkommene Stille –, sondern durch Akzeptanz einiger kleiner Unvollkommenheiten. Ende der Randbemerkung, die Sie sich selbstverständlich geflüstert denken müssen.

Wir verzichten also auf die absolute und dauerhafte Stille – und schon eröffnet sich uns ein Weg voller Rosen, den wir einschlagen werden …

Die kleine Stimme im Kopf

Eines sollten wir allerdings vorausschicken, bevor wir uns eingehender auf das Thema einlassen, das uns hier beschäftigt: Das vollkommene Verstummen der Worte ist fast unmöglich. Natürlich können wir stunden-, ja tagelang schweigen. Diese Erfahrung machen wir schließlich während eines Retreats. Viele spirituelle Traditionen sehen das Schweigen als Übung an sich (wie wir weiter unten noch sehen werden). Doch wenn die Worte auch nicht über unsere Lippen gehen, so hallen sie doch immer noch in unserem Kopf wider, aufgereiht wie kleine Soldaten! Wenn unser Elektroenzephalogramm nicht gerade zur horizontalen Linie verflacht (und sollte sich auf dem Monitor diese gerade Linie zeigen, ist das ein ganz schlechtes Zeichen), dann arbeitet unser Gehirn, was bedeutet, dass es Ideen, Gedanken, Analysen und andere Reflexionsmuster produziert.

Daher haben die meisten Menschen ständig diese »kleine Stimme im Kopf«, die kommentiert, analysiert, wütend vor sich hin zetert oder gar singt, je nachdem, was uns gerade widerfährt. Das ist nicht weiter tragisch. Diese Stimme, die man auch den »inneren Dialog« nennt, ist manchmal ganz nützlich. Sie ist es, die mir die Idee geliefert hat, dieses Buch zu schreiben, und nun Satz an Satz reiht. Sie ist es, die Ihnen bei der häuslichen Silvesterparty eine schlagfertige Antwort auf die Zunge legt, wenn Sie sie brauchen. Die Ihnen all die Überlegungen bezüglich der Umstellung Ihrer Ernährung auf Bio- oder vegetarische Kost eingibt. Die Ihnen sagt, was Sie einkaufen sollen. Sie ist es, die Ihnen – gleichwohl vergeblich – zuflüstert: »Bist du dir da ganz sicher? Willst du etwa schon wieder auf so einen Kerl hereinfallen?«, wenn Sie zum wiederholten Mal einen verheirateten Schönling mit drei Kindern anschmachten, der im fernen Hongkong lebt. Und Ihnen selbstverständlich das altbekannte »Ich hab's dir doch gleich gesagt!« unter die Nase reibt, sobald dieses ebenso turbulente wie kurze Abenteuer ein Ende gefunden hat …

Die meiste Zeit aber plappert die Stimme einfach harmlos im Hintergrund vor sich hin. Falls sie Ihnen allerdings um Mitternacht plötzlich befehlen sollte: »Nimm diese Hacke und skalpiere deinen Nachbarn. Ich, Satan, befehle es dir!«, dann wäre es vielleicht besser, den Rat eines Seelenklempners (Psychiaters) einzuholen, und zwar möglichst schnell! Aber die meisten Menschen reden mit sich, wenn auch nur still und leise. Alle Welt findet das normal. Manche Menschen – Sie natürlich nicht – reden sogar laut mit sich, zum Beispiel, wenn sie im Auto sitzen oder den Haushalt machen bzw. den Keller aufräumen: »Ach, da ist dieses Dings … Na ja, ich glaube, ich lege es besser dorthin … ja, so könnte es klappen.« Erinnert Sie das an jemanden?

Sprache und Wahrnehmung

Doch der Einfluss der Worte auf unser Alltagsleben reicht noch viel tiefer. Im 20. Jahrhundert haben mehrere soziolinguistische Untersuchungen offengelegt, wie sehr die Repräsentation der Welt von der Kultur abhängt, in der wir leben, und der Sprache, die wir benutzen. Der Anthropologe Edward T. Hall zeigt dies sehr schön in der Einführung zu seinem Buch *Die Sprache des Raumes*, in der er u. a. darlegt, wie unterschiedlich die körperliche Distanz von Mensch zu Mensch je nach Land und Kultur ausfällt. Auch dies ist eine »Sprache«, die uns hilft, den anderen besser zu verstehen.

Worte verändern die Wahrnehmung und damit unsere Beziehung zur Welt. So kennen die Inuit, eine Gruppe von Eskimovölkern, angeblich zweiundfünfzig Wörter für »Schnee«. Ihre Augen sollen auf dieser Basis die endlose weiße Fläche analyieren, die sie umgibt. Harter Schnee, weicher Schnee, dichter Schnee, vereister Schnee, luftiger Schnee, kompakter Schnee … Hier den präzisesten Ausdruck zu finden ist von enormer Wichtigkeit. Auch ohne die Lebensweise der Inuit genauer zu kennen, können wir davon ausgehen, dass dieses Wissen einen Effekt auf das Überleben der Gemeinschaft hat. Mit diesem Schatz an Begriffen können die Inuit genau unterscheiden, welche Art von Schnee ihre Umgebung bestimmt. Da schon die Kinder diese Unterscheidungen lernen, wird ihre Wahrnehmung für das Phänomen entsprechend verfeinert. Die Begriffswelt vervollkommnet, ja prägt ihre Weltwahrnehmung. (Schafft das Wort den Gedanken oder umgekehrt? Oder vielleicht beides? Wäre das nicht ein tolles Thema fürs Philosophie-Abitur?)

Seitdem untersucht man die Auswirkungen der Sprache auf unseren Alltag, auf unser »Weltbild«. Ein hochinteressantes Gebiet, das uns dazu ermutigt, unsere gewöhnliche Sicht der Dinge zu hinterfragen und zur Abwechslung eine andere auszuprobieren. So habe ich zum Beispiel einen Bekannten – G., der als Therapeut tätig ist –, der sich das Recht herausnimmt, regelmäßig seine »Persönlichkeit« zu ändern. So probiert er am Wochenende mal einen völlig anderen Kleidungsstil aus, denkt sich eine neue Lebensgeschichte aus, spricht anders als gewohnt, verändert seine Gangart und verwendet andere Worte als gewöhnlich. Einmal stellt er sich als Sportler dar, dann wieder als Unternehmensleiter oder als Taxifahrer … Und sein begeisterter Kommentar dazu lautet, dass sich die Welt, seine Wahrnehmung der Welt jedes Mal vollkommen verändert. Die Persönlichkeit überlässt sich ganz den Ereignissen des Tages, und G. entdeckt voller Neugier ungewohnte Emotionen. Bei seiner Verkörperung der verschiedenen Typen kommen der Sprache und dem Wortschatz eine ganz besondere Bedeutung zu. Seiner Ansicht nach ist es vor allem die Sprache, die ihm erlaubt, in die neue Rolle zu schlüpfen. Wenn er die richtige »Sprechweise« gefunden hat, wird die Persönlichkeit lebendig und erlaubt ihm, auf andere Weise als sonst, Beziehungen zu knüpfen. Die Wörter und die Sprache, die er verwendet, verändern auch die Wahrnehmung seiner selbst bzw. der Menschen um ihn herum. Da tut sich doch eine Fülle ungeahnter Möglichkeiten auf!

Was hat das nun mit Stille zu tun? Ganz einfach. Von Kindesbeinen an sind wir gewohnt, den Dingen in unserer Umgebung einen Namen zu geben. Das hier ist ein Tisch, das eine

Uhr, eine Stunde dauert sechzig Minuten und so weiter. Diese an sich sehr praktische Gewohnheit erlaubt uns, miteinander zu kommunizieren und uns verständlich zu machen. Sie verleiht unserem Leben einen sicheren Rahmen: Indem wir die Dinge benennen, beweisen wir, dass sie existieren. Und wir grenzen unser Umfeld ein. Doch dieser Rahmen, diese Begrifflichkeiten, diese Gewohnheit, alles zu definieren und zu allem eine Meinung zu haben, bringen es mit sich, dass wir allem und jedem ein Etikett aufkleben, eine vorgefasste Meinung dazu haben. Das bezieht sich natürlich auch auf uns selbst und auf die Menschen in unserer Umgebung! Gehen Sie zum Beispiel davon aus, dass Ihre Nachbarin eine Nörglerin ist, dann kleben Sie ihr ein Etikett auf, das Ihren Horizont begrenzt. Die wiedergefundene Stille könnte dann Folgendes bewirken: Wir schenken unserer Nachbarin den offenen, neugierigen Blick eines Kindes, ohne Vorurteile, ohne eingebaute Kritik. Die Nachbarin ist auch nur ein menschliches Wesen, das ich von Tag zu Tag neu entdecken kann und dem ich zugestehe, dass es an manchen Tagen womöglich gar nicht nörgelt. Warum sollte nicht auch das möglich sein?

Die fröhliche »Nicht-Wissenschaft«

Man könnte also sagen, dass Sprache auch bedeutet, Etiketten zu verteilen, sozusagen »Gemeinplätze« miteinander zu teilen. Das ist nur logisch und auch vollkommen in Ordnung, denn dazu sind Worte ja gedacht. (Auch wenn sie gelegentlich elegant aneinandergereiht werden, um mehr Poesie in die

Welt zu bringen.) Mit der sprachlichen Funktion des Bezeichnens aber ist auch ein Problem verbunden: Wenn ich auf ein jungfräuliches Ding ein Etikett klebe, dann fülle ich es einerseits mit Bedeutung, andererseits aber begrenze ich es damit auch. Wenn Worte und Ideen jedoch schweigen, wenn wir zurückkehren in die begriffliche »Leere«, dann gönnen wir uns den Luxus, der Welt ihre Jungfräulichkeit, ihre Offenheit und Freiheit zurückzugeben.

Dann können wir die »fröhliche Nicht-Wissenschaft« erkunden. Friedrich Nietzsche wird uns verzeihen, wenn ich hier eine Anleihe bei einem seiner bekanntesten Werke nehme. Ich spiele auch nur mit dem Titel, versprochen!

Denn die Ideen hinter sich zu lassen heißt, ohne Worte auszukommen. Es bedeutet, dass wir in diesen unnennbaren (eben!) Raum eintreten, in dem die Einhörner geboren werden. Dass wir losziehen, um den Topf voller Gold am Fuß des Regenbogens zu finden. Dass wir uns auf ein Abenteuer einlassen, ohne einen Cent in der Tasche. Und wenn wir wieder heimkehren, merken, dass alles immer schon friedlich und still war, seit Anbeginn der Zeit.

Betrachte das Leben von Weitem.
Befrage es nicht.
Es kann dir ja doch nichts sagen.
Die Antwort liegt jenseits der Götter.
Also ahme gelassen den Olymp
in der Tiefe deines Herzens nach.
Die Götter sind Götter,
weil sie sich nicht denken.

Fernando Pessoa, Auszug aus dem Gedicht
Segue o Teu Destino (Folge deinem Schicksal)

Schweigen lernen

Die nicht gesprochenen Worte sind die Blumen der Stille.

Japanisches Sprichwort

Warum es so schwierig ist

Nach diesem Ausflug in die Dichtkunst wenden wir uns wieder ernsthafteren Dingen zu. Schließlich haben Sie den Titel dieses Abschnitts gelesen. Bereiten Sie sich also ruhig seelisch auf die tiefen Erschütterungen vor, die nötig sind. Der Zugang zu Ruhe und Stille fordert einen hohen Preis. Aber trösten Sie sich, das Ergebnis ist dieses »Opfer« wert. Denn für viele unter uns ist es wirklich ein »Opfer«: Als würde ein Teil von uns amputiert, jener Teil nämlich, der daran gewöhnt ist, mit Kollegen, Nachbarn, Freunden auch noch die belangloseste Einzelheit unseres Lebens durchzukauen … und sei es das Wetter.

In Zen-Klöstern ist das nicht anders. Obwohl diese Orte der Stille und der Meditation geweiht sind, werden sie doch von Menschen wie Sie und ich bewohnt. Einige der Klosterbewohner finden ganz von selbst Geschmack an der Stille, andere müssen das erst Schritt für Schritt lernen. Und wieder andere empfinden das Schweigen als Folter. Jeden Morgen ist vor der Meditation etwa zwanzig Minuten Zeit für die Morgentoilette und eine Tasse Tee im Gemeinschaftsraum. Seit dem Vorabend gilt die Schweigeregel. Aber einige der Praktizierenden finden es schwierig, in Gesellschaft anderer Menschen Tee zu trinken, ohne verschwörerische Blicke oder gar ein freundliches »Guten Morgen, gut geschlafen?« auszutauschen. Da das ja mehr oder weniger »verboten« ist, tun sie es flüsternd und verstohlen. Daher frage ich mich schon seit Langem: Wieso ist die totale Stille unmöglich? Warum müssen wir mit »dem Anderen« unbedingt in Kontakt treten?

Tatsächlich haben diese kurzen Wortwechsel eher die Qualität einer Rückversicherung: Ich sehe den anderen an, grüße ihn, er grüßt zurück, sagt ein paar Worte und versichert mich so meiner Existenz. Oder anders ausgedrückt: Der Blick und die Worte des Anderen bewirken meine Existenz. Heißt das, dass ich anders nicht existiere? Diese Frage ist so tiefschürfend, dass ein ganzes Buch zu ihrer Beantwortung nicht ausreichen würde! Wer bin ich? Was ist die Wirklichkeit? Brauche ich soziale Kontakte zum Überleben? Philosophen und Filmregisseure (siehe den Film *Matrix*) haben sich intensiv mit diesem Thema beschäftigt, um in unser so geordnetes Leben ein Quäntchen Unsicherheit zu bringen. Der Buddhismus steht ihnen in nichts nach, doch auch hier gilt: Schweigen.

Die Übung der Stille rüttelt grausam an unserem Bedürfnis, gesehen und gehört zu werden. Aus diesem Grund fühlen einige Menschen – die für den Blick der Anderen besonders sensibel sind – sich so unwohl, wenn sie schweigen sollen.

Die Vorzüge der Wort-Stille

Befriedung des Denkens

Im Buddhismus spricht man von der »Edlen Stille«. Sie besteht darin zu schweigen und die Worte, die über die Lippen drängen wollen, ungesagt zu lassen. Sich bewusst und freiwillig zu entscheiden, nicht zu sprechen. Das hat eine ganze Reihe von Vorteilen. Denn nach einigen Stunden – oder einigen Tagen – beruhigt sich der Gedankenstrom.

Einmal im Jahr, im Winter, machen wir im Kloster ein einwöchiges Schweige-Retreat. Der Schnee verleiht dem Gelände eine märchenhafte Anmutung, während wir tief in das Herz dieser Praxis eintauchen. Dieses Retreat, das im Wesentlichen der Meditation gewidmet ist, nennt sich *Rohatsu*. Es wird zum Gedenken an das Erwachen des Buddha vor 2600 Jahren gefeiert und findet traditionell am 8. Dezember statt. (Natürlich ist das Datum rekonstruiert, denn der Buddha hat an jenem Tag schließlich kein Selfie von sich gepostet!) Eine Woche ohne zu sprechen: ideale Voraussetzungen! Und jedes Jahr wieder (dieses Jahr mache ich mein zwölftes Rohatsu) stelle ich voller Erstaunen fest, wie die Stille sich auf meine geistigen Aktivitäten auswirkt. Nach einigen Stunden nämlich beruhigt sich der Strom der Gedanken. Und mittlerweile freut sich mein Geist auf die Abfolge von Tagen in dieser wohltuenden Ruhe.

Normalerweise haben wir zu dem, was uns täglich widerfährt, immer etwas zu sagen. Wir reagieren darauf mit Ängsten, Wünschen, Vorstellungen, ob es sich nun um den öffentlichen Nahverkehr, die Politik oder die Arbeit handelt. Wenn man jedoch »vergisst«, diese Dinge zu äußern, verlieren sie an Bedeutung. Eine Meinungsverschiedenheit mit einem Kollegen, die man für sich behält, die man vor allem nicht im Kreis anderer kommentiert, wird am Ende fadenscheinig wie ein alter Pullover und lässt das kostbare Brokatgewebe durchscheinen, das sich dahinter zeigt. Aber natürlich hängt dies auch von der Art des Konflikts ab. Die Regel gilt keineswegs immer und überall. Auf jeden Fall aber schenkt uns die Stille den Raum, in dem sich das Problem lösen lässt. Ein schönes Beispiel dafür ist die Runde Jogging, die viele Menschen sich gönnen, »um den Kopf frei zu bekommen«. Eine Runde Laufen und Schweigen – Atmen ist erlaubt! –, und schon ist der Kopf frei von unseren mentalen Verwicklungen. Der Rhythmus der Schritte löscht die Worte nach und nach aus. Unsere Beine ziehen die Pinselstriche, die Stück für Stück den Horizont erkennen lassen. Dabei gibt es Weise, die sagen, der Horizont – die Ruhe – sei immer da. Er liege nur hinter den Erscheinungen verborgen. Und es genügt schon ein winziger Schritt, um ihn wiederzuentdecken.

Natürlich ist es aus praktischen Gründen nicht immer möglich, sich eine Woche freizunehmen, um an einem Schweige-Retreat teilzunehmen. Das gilt aber vor allem für das erste Mal, denn sobald man das Vergnügen dieses anderen Seins einmal gekostet hat, erwarten die meisten Teilnehmer die nächste Gelegenheit schon voller Ungeduld und richten sich ihren Urlaub dementsprechend ein. Ist Ihr Terminkalender aber wirklich so voll, dass Sie es nicht schaffen, dann finden Sie auf den Seiten 109ff. und 112ff. ein paar Tipps, wie Sie die Wort-Stille im Kopf jetzt sofort in Ihren Alltag integrieren können.

Eine andere Sprache

Vor einigen Jahren, 2008, um genau zu sein, bin ich für einige Zeit nach Japan gegangen, um dort ein traditionelles Retreat zu absolvieren (siehe Seite 83f.). Die Nonnen, die im dortigen Kloster lehrten, waren sehr traditionell orientiert. Dass der Buddhismus auch »Fremde« – also Nicht-Japaner – ansprechen könnte, war dort einfach nicht vorgesehen. Man machte mir schon bei meiner Ankunft klar, dass der Gebrauch des Englischen untersagt sei und alles sich auf Japanisch abspielen würde. Wie so häufig in Japan hatte auch diese Botschaft ihre »Geheimfächer«: Man unterscheidet dort zwischen dem explizit Gesagten und dem, was mitschwingt, zwischen der Erscheinung also und der Wirklichkeit. Denn die Äbtissin und eine ihrer wunderbaren Helferinnen hatten es so organisiert, dass ich in einem Schlafsaal nächtigte, in dem sonst nur Nonnen schliefen, die Englisch sprachen oder zumindest radebrechten. Die offizielle Botschaft also lautete: »Englisch zu sprechen ist untersagt.« Die inoffizielle hingegen: »Wir werden alles tun, damit du dich uns anschließen kannst.« Ich beschäftige mich noch heute voller Freude mit dieser feinfühligen und hochinteressanten Kultur.

Warum aber erzähle ich Ihnen diese kleine Geschichte? Weil ich während dieses dreimonatigen Retreats zum ersten Mal wirklich nur sehr wenige verbale Kontakte mit den Nonnen hatte. Die Anweisungen wurden auf Japanisch gegeben, auch wenn man sie um meinetwillen rudimentär übersetzte – eben so weit, dass ich mitmachen konnte und mich nicht total verlor. Die Nonnen aber debattierten meist leidenschaftlich miteinander, ohne dass ich auch nur die geringste Ahnung hatte, worum es dabei ging. Anfangs versuchte ich noch, zumindest gewisse Strukturen der Sprache zu erkennen, irgendwelche Versatzstücke oder zumindest die Betonung zu erschließen. Aber nichts zu machen: Das Japanische kam mir spanisch vor! Also hörte ich einfach auf zuzuhören. Das Geplauder der Nonnen war wie ein vertrautes Hintergrundrauschen, das die Tage erfüllte und ihnen eine freudige Spontaneität verlieh: Denn die Nonnen redeten in einem fort. Sie stießen spitze Schreie aus und lachten erfrischend auf. Ich aber verstand nur Bahnhof!

Das hat mich enorm weitergebracht. Das ständige Kopfzerbrechen, das ich mir gewöhnlich machte, verlor seine bevorzugte Bühne und löste sich auf wie Schnee in der Sonne. Die erzwungene Stille riss meine Anwandlungen von Wut oder Groll förmlich mit der Wurzel aus. Ich hatte niemanden, den ich anschnauzen oder bei dem ich mich beschweren konnte, kein Publikum, dem ich meine Meinung zu diesem oder jenem kundtun konnte: Die idealen Ausgangsbedingungen also, um eine neue Art des Denkens zu erlernen, die auf der Stille gründet. Und das Lustigste war: Mein innerer Dialog ging weiter … auf Japanisch! Ich war seit Jahren an meinen inneren Dialog gewöhnt, es war mir nicht möglich, ihn zum Verstummen zu bringen. Auf die Idee wäre ich auch gar nicht gekommen. Ich brauchte diesen beruhigenden inneren Kommentar. Doch der schuf sich dafür eine ganz neue Sprache: ein paar Fetzen Japanisch, ein paar gesungene Ausschnitte aus den buddhistischen Sutren … Eine mentale Alltagsweise, die alle Logik eingebüßt hatte. Ich fand das wunderbar. Und wurde Tag für Tag ruhiger und konzentrierter.

Mehr hören und die Pforten der Wahrnehmung weit aufstoßen

Würden die Pforten der Wahrnehmung gereinigt,
so erschiene jedes Ding dem Menschen,
wie es ist, nämlich grenzenlos.

William Blake

Wenn die kleine Stimme in unserem Kopf erklingt, hat sie einen Ton. Stark oder schwach, spitz, zart oder dunkel … Dieser Ton nimmt so viel Raum ein, dass er uns vom auditiven Umfeld abkoppelt, in dem wir uns aufhalten. Anders ausgedrückt: Wenn wir der Stimme in unserem Kopf lauschen, können wir die Welt nicht mehr hören. Das ist schade! Es gibt viele Menschen, die sich mit Freunden zu einem Waldspaziergang aufmachen und nichts wahrnehmen von der Melodie der Bäume, dem Atmen eines Herbstblattes, das sich von seinem Zweig löst, vom Ächzen der Stämme, die sich im Wind biegen … Und doch – plötzlich schweigt der Mund still und der Kopf ebenso! Und mit einem Mal hören wir wieder! Wir gehen, wir lauschen unseren Schritten auf der Erde, und ihr Klang erfüllt den ganzen Augenblick. Dieses Gefühl von Präsenz ist mitunter recht flüchtig, und wir vergessen es schnell. Manchmal aber hinterlässt es einen tiefen Eindruck im Leben des betreffenden Menschen.

Kennen Sie das Gefühl der Unendlichkeit, das sich manchmal bei Spaziergängen einstellt? Ein Schwindel angesichts der Größe der Natur erfasst das Herz, das mit einem Mal schneller schlägt, um sich auf den Rhythmus des Universums einzustellen. Manche Menschen fassen dieses Gefühl in die Worte: »Wir sind nicht allein.« Andere fallen auf die Knie und beten zu Gott. Und dann gibt es da noch jene, die das Mysterium nehmen, wie es ist, ohne seinen Schleier lüften zu wollen, die ihrem Leben das Abenteuer des Unbekannten gönnen.

Ob nun in der Stadt oder auf dem Land, der schweigende Mensch nimmt eine andere Welt wahr: eine, die den Atem anhält und still wird, eine Energie, die sich verströmt. War diese Welt immer schon da, oder ist sie erst entstanden, weil wir sie beobachten? Das werden wir wohl nie herausfinden, aber es ist, als würden sich die Klänge von nah und fern unserem Ohr offenbaren.

Eine der beliebtesten Meditationsgottheiten im Buddhismus ist Kannon, auch als Avalokiteshvara oder Chenrezig bekannt: der Buddha des Mitgefühls. In ihrer weiblichen Form wird sie häufig als Göttin mit tausend Armen dargestellt (oder zumindest mit sehr vielen). Viele buddhistische Traditionen nutzen sie als Inspirationsquelle für den Alltag. Indem man über die positiven Eigenschaften dieses Buddhas nachdenkt, lenkt man den Geist automatisch darauf. Kannon wird auch als »die, die Geräusche der Welt vernimmt« bezeichnet. Aus diesem Grund stelle ich sie Meditationseinsteigern gerne vor. Ihre Botschaft ist von tiefer Nachsicht geprägt! Kannon hört alles, sie kennt alle Bewohner der Welt. Sie weiß um ihr Leben, ihre Eigenschaften, ihre Fehler, ihre Wünsche. Und all dies betrachtet sie mit grenzenlosem Mitgefühl. So viel hat sie gehört, über all die Jahrtausende, und das einzige Gefühl, das sie jetzt noch erfüllt, ist ein wohlwollendes Mitgefühl für die menschliche Natur und alle Wesen. Kann ihr Beispiel uns nicht anleiten, endlich mit uns selbst Freundschaft zu schließen? (Das ist übrigens der Titel eines sehr empfehlenswerten

Buches einer Nonne aus der tibetisch-buddhistischen Tradition: Pema Chödrön, *Meditieren – Freundschaft schließen mit sich selbst*, München 2013.)

Übungen zur Bezähmung des Geistes und der kleinen Stimme im Kopf

Die Erfahrung der klanglichen Reise

Um mir meinen Lebensunterhalt zu verdienen, übe ich verschiedene Berufe aus, die mich allesamt begeistern. Einer davon ist Gesangslehrerin. Die Leute buchen bei mir Einzelsitzungen oder Kurse, um zu lernen, wie die Stimme funktioniert, wie sie mit dem Atem zusammenhängt und zum Klingen gebracht werden kann. Da ich die Kurse im Zentrum von Straßburg halte, haben meine Klienten meistens noch andere Termine, zwischen die sie unsere Sitzung quetschen. Sie treten also geradewegs aus dem Lärm einer großen Stadt in meine Praxis ein und bringen all ihre Sorgen mit. Sie sind für alles bereit, nur nicht dafür, sich zu konzentrieren und sich spüren zu lernen! Daher habe ich ein kleines Ritual eingeführt, das uns beiden guttut. Es ist so eine Art »Dekompressionsschleuse«. Die Übung lässt sich überall durchführen, den ganzen Tag über und in jeder Lebenslage: sitzend, stehend, liegend, allein oder in einer riesigen Menschenmenge. Man sieht Ihnen nämlich von außen nicht an, dass Sie üben! Daher können Sie absolut überall üben – bei der Besprechung im Büro, in der U-Bahn, zu Hause beim Abendbrot … Niemand wird es merken. Das unterscheidet diese Übung von der traditionellen Meditation oder von einer Atemübung.

Und diese Übung geht so: Wo auch immer Sie sich gerade befinden, machen Sie sich die Geräusche Ihrer Umgebung bewusst. Richten Sie Ihre Aufmerksamkeit zuerst auf die Geräusche in der Nähe, dann auf die in der Ferne. Nehmen Sie sich Zeit, um von einem Raum zum anderen überzugehen, vom Vordergrund in den Hintergrund. Dann nehmen Sie bewusst wahr, welche Frequenz diese Geräusche haben: hoch, tief, mittel. Versuchen Sie, alle Töne zu unterscheiden: das tiefe Brummen der Stadt, die Züge, die in der Ferne vorüberfahren, das Quietschen der Bremsen, den Wind in den Bäumen, das Rauschen der Autowaschanlage, die Geräuschfetzen, die an Ihr Ohr dringen … Das Geheimnis dabei ist, dass Sie alle Töne auf sich wirken lassen und in sich aufnehmen.

Nach einigen Minuten stellt sich vermutlich die Frage: Wo liegt die Grenze zwischen Innen und Außen? Wo ist der Ton noch außerhalb meines Ohrs, wo ist er schon in meinen Körper eingedrungen? Das ist eine schwierige Frage, aber letztlich scheint diese Grenze sich irgendwann aufzulösen: Wir spüren weder außen noch innen. Die Geräusche, die Welt und das »Ich« sind eng miteinander verwoben. Wir haben unser Klangfeld geöffnet, und das tut uns gut! Denn das Resultat lässt nicht auf sich warten. All meine Schüler sind sich darin einig: Verrückt, wie wohl man sich nach fünf Minuten dieser klanglichen Reise fühlt!

Warum das so ist? Dazu möchte ich folgende Hypothese aufstellen: Wenn man sich Sorgen macht, ständig seinen Gedanken nachhängt, angespannt ist, ist man ganz in sich selbst versunken. Ein geschlossener Kreislauf entsteht, in dem wir unsere Runden drehen wie Häftlinge im Gefängnishof. Wir gehen durch die Straßen, ohne sie zu sehen, so sehr sind wir in unseren inneren Monolog versunken. Wenn wir aber die Lauscher aufsperren und unsere Ohren spitzen, dann öffnet sich für uns der Raum. Die »Außenwelt« taucht plötzlich wieder auf, der Monolog beruhigt sich, und unsere Energien finden ein wohltuendes Gleichgewicht. Daher gehört es bei der Therapie depressiver Menschen zu den ersten Aufgaben des Therapeuten, dem Patienten die Augen zu öffnen für die Welt um ihn herum, damit er diese wieder wahrnimmt. In der Übung der klanglichen Reise benutzen wir dazu unsere Ohren: Das Resultat aber ist das gleiche. Die Atmosphäre lockert sich sofort auf.

Die kleine Stimme im Kopf zähmen

Wie wir weiter oben bereits gehört haben, haben die großen Plaudertaschen im Kopf einen Doppelgänger, eine Art Jiminy Cricket oder eine Fee wie Tinker Bell. Diese Stimme produziert von morgens bis abends eine regelrechte Flut von Worten. Der Fachbegriff dafür lautet »innerer Dialog«, in Wirklichkeit aber wäre »Monolog« der passendere Begriff, außer natürlich Sie reden laut mit Ihrem inneren Doppelgänger (was sich wohl negativ auf Ihr Sozialleben auswirken würde). Im Allgemeinen beherrscht unsere innere Stimme nämlich allein die Szene.

Ich möchte Ihnen hier drei Übungen vorstellen, mit denen Sie den Wortfluss Ihres inneren Doppelgängers bremsen können. Über den Ursprung, die Funktion, den Nutzen und die Glaubwürdigkeit der inneren Stimme könnte man ganze Bände schreiben, da wir es hier einmal mehr mit dem Mysterium des Bewusstseins zu tun haben. Daher wollen wir in der Praxis lernen, mit dieser Stimme umzugehen, um uns den Weg zur inneren Stille zu eröffnen.

Die königliche Übung: beobachten, ohne einzugreifen

Diese Praxis stellt gleichsam den »Königsweg« dar. Sie steht uns offen, wenn alle anderen nicht funktionieren. Sie bringt uns am weitesten und eröffnet eine ganze Bandbreite an Möglichkeiten. Daher ist sie meine liebste Praxis, und ich stelle sie Ihnen gleich zu Anfang vor. Ich weiß, sie wirkt nicht besonders einladend. Doch die tiefsten Mysterien wirken ohnehin im Verborgenen, das ist hier ganz genauso.

Nehmen Sie an einem ruhigen Ort Platz. Schließen Sie die Augen. Sie können sie auch halb geöffnet lassen. Wichtig ist, dass Sie ganz entspannt sind. Dann richten Sie sich auf und nehmen die königliche Haltung eines Menschen ein, der etwas Wichtiges, ja Heiliges tun wird. Nun wenden Sie sich Ihren Gedanken zu. Woran denken Sie? Welche Worte reihen sich in Ihrem Kopf aneinander? Sind es logische Sätze oder eher Satzfetzen? Vielleicht sogar ein Lied, das Sie vor Kurzem gehört haben? Und wem gehört die Stimme, die da spricht? Ihnen oder vielleicht Ihren Eltern? Oder etwa einer Freundin?

Nun kommen wir zum Herzstück der Übung, in dem ihre Wirkung begründet liegt: Um diese innere Stimme zu zähmen und in die Weiten der Stille einzutauchen, müssen Sie gar nicht viel tun. Nehmen Sie nur einfach die Position des neutralen Beobachters ein. Man nennt dies auch das »Zeugenbewusstsein«. Damit ist die Fähigkeit gemeint zu beobachten, ohne einzugreifen, zu verurteilen oder Kommentare abzugeben: Alle Gedanken und Worte, die im Geist aufscheinen, einfach da sein und vorüberziehen zu lassen, sich aber trotzdem jedes Wortes bewusst zu sein!

Diese Praxis ermöglicht uns, uns mit uns selbst zu versöhnen. Wir bekämpfen die Stimme nicht. Wir versuchen nicht, die vollkommene Leere herzustellen oder die Stimme gar zu »bessern«! Nein, wir machen das wie die Doors: *Take it as it comes*. Wir nehmen die Dinge, wie sie kommen. Auf der psychologischen Ebene lernen wir, uns zu akzeptieren, wie wir sind, mit all unseren positiven Qualitäten und auch mit unseren Fehlern. Mit einer inneren Stimme, die ebenso genial wie diktatorisch oder kritisch sein kann. In dieser Übung nehmen wir alle Aspekte unser selbst mit derselben Ruhe an. Wir lassen sie nur einfach vor dem Spiegel des Zeugenbewusstseins Revue passieren. Wenn wir auf den Gedanken/die Stimme nicht reagieren, dann verschwindet beides ganz von selbst. Dies schenkt uns ein bislang ungekanntes Gefühl von Freiheit! Und eine völlig andere, gelassenere und tolerantere Beziehung zu uns selbst und zur Welt stellt sich ein.

Wenn Sie Ihre Kindertage wiederaufleben lassen und sich ein wenig amüsieren wollen, gibt es nichts Besseres, als ein wenig mit der »inneren Stimme« herumzuspielen. Bei manchen der Ergebnisse werden Sie sich vor Lachen kringeln, bei anderen erstaunt innehalten. In jedem Fall wird Sie die Fähigkeit Ihres Gehirns, wieder die Kontrolle zu übernehmen, erstaunen. Und diese Fähigkeit besitzt jeder von uns. Wenn Ihre innere Stimme Sie also mal wieder so richtig nervt, versuchen Sie es doch damit:

- **Die Stimme ausfindig machen**: Das geht so, wie in der vorhergehenden Übung beschrieben. Anfangs ist es natürlich sehr viel einfacher, wenn Sie sich an einem ruhigen Ort befinden. Mit ein bisschen Übung können Sie aber auch in der U-Bahn üben, beim Spazierengehen oder beim Einkaufen.
- **Den Ton leiser drehen**: Stellen Sie sich vor, Sie haben einen Knopf in der Nähe Ihres Ohrs, mit dem Sie die Stimme leiser stellen können. Drehen Sie die Lautstärke zunächst mal so richtig auf, dann aber reduzieren Sie sie immer mehr. Und tatsächlich: Die Stimme wird leiser. Zauberhaft, nicht wahr?
- **Umsiedeln**: Wo hören Sie diese Stimme eigentlich? Im Kopf, darüber, nahe am Ohr, am linken, am rechten, im Hinterkopf oder eher in der Kehle? Nehmen Sie sich Zeit, die Stimme zu lokalisieren … und dann schlagen Sie ihr vor, doch umzuziehen! Die Stimme folgt der Bewegung. Sie wechselt den Ort! Und nun suchen Sie den idealen Ort

aus, an dem sie Sie in Frieden lässt, wenn Sie das brauchen. Ich zum Beispiel verlagere sie häufig ins Herz: Auf diese Weise kann sie mich weiter beschützen (denn die innere Stimme weiß sehr, sehr viel!), aber mein Kopf ist frei, um die Welt zu sehen.

Und es gibt noch andere schöne Übungen, die vom Instrumentarium der Neurolinguistischen Programmierung inspiriert sind. Ich wende sie häufig bei Therapiesitzungen an und erziele damit regelmäßig positive Resultate. So kam einmal eine junge Frau zu mir, deren innere Stimme Diktatorqualitäten aufwies und ihr den lieben langen Tag negative Botschaften suggerierte wie: »Du bist zu gar nichts nütze … zu absolut gar nichts! … So schaffst du das nie … Du bist einfach ungeschickt, meine Liebe.« Und so weiter. Wir haben in diesem Fall gar nicht erst nach dem Ursprung dieses inneren Diktators gesucht, sondern gleich am Kern gearbeitet. Ich habe der jungen Frau vorgeschlagen, die innere Stimme mit dem Organ von Donald Duck auszustatten! Wir hatten eine absolut verrückte Sitzung, in der es heiße Tränen gab, aber auch viel befreiendes Gelächter. Aber von diesem Augenblick an nahm sie die bösen Kommentare nicht mehr ernst. Die quakende Stimme der Ente machte die herabsetzende Wirkung einfach zunichte! Und die junge Frau konnte befreit aufatmen.

Körper und Geist sind eng miteinander verbunden. Und dies gilt auch für eines der erstaunlichsten Organe, die wir besitzen: die Zunge. Sie verfügt über siebzehn Muskeln, die ihr die unterschiedlichsten Bewegungen ermöglichen. Und sie erlaubt uns, uns vollkommen auszudrücken, ob wir nun mit einem Baby gurren oder auf der Aktionärsversammlung die Rede unseres Lebens halten. Mit unserer Zunge sagen wir: »Ich liebe dich!« Oder wir verabschieden uns von unserer sterbenden Oma. Ein höchst nützliches Organ also, aber meist total verspannt!

Verstehen wir es aber, unsere Zunge zu entspannen, so wird der Wortstrom in unserem Kopf sofort langsamer. Es scheint fast, als wären Zunge und innerer Dialog eng miteinander verknüpft, aber dazu gibt es noch keinerlei wissenschaftliche Untersuchung. Auf jeden Fall wirkt sich die Entspannung der Zunge auf den inneren Dialog aus, der quasi sofort an Fahrt verliert. Ich habe diese Erfahrung bei der Meditation jedenfalls relativ häufig gemacht – zu meinem großen Glück.

Wie aber entspannt man nun seine Zunge? Tatsächlich müssen wir *beides* entspannen, Zunge und Kiefer. Lassen Sie also zuerst den Unterkiefer locker, sodass sich Ihre Lippen leicht öffnen. Berühren Sie mit der Zungenspitze die Rückseite der unteren Schneidezähne. Sie haben es erfasst: Ihr Gesichtsausdruck zeugt im Augenblick nicht gerade von Intelligenz. Aber das ist nun mal der Preis der Entspannung! Man nennt diese Übung nicht umsonst auch »den Trottel spielen«.

Probieren Sie es (nach Möglichkeit ohne Zuschauer) aus. Sie werden feststellen, dass diese Art von Mienenspiel verhindert, dass Sie wütend werden, unaufhörlich denselben Gedanken wiederkäuen oder innerlich toben. Eine Freundin meinte neulich: »Und wenn es nun die Lösung all unserer Probleme wäre, regelmäßig den Trottel zu spielen?« Die Antwort auf diese Frage überlasse ich ganz Ihnen.

Kapitel 5
Die Stille des Körpers

Hätte mir jemand vor fünfzehn Jahren gesagt, wie mein Leben einmal aussehen würde, wäre ich sicher sehr erstaunt gewesen. Hätte mir mein heutiges Leben gefallen, mit den Augen des Menschen betrachtet, der ich war? All die Stunden, die ich schweigend in der Stille der Natur verbringe, den Blick auf den ewig sich wandelnden Himmel gerichtet. Das immer tiefere Eindringen in die Geheimnisse der Tiere, die geschärfte Achtsamkeit auf die Rhythmen und Reaktionen meines Körpers gerichtet. Der Körper war zu jener Zeit ohnehin nichts, dem ich Aufmerksamkeit geschenkt hätte. Ich machte damit nicht viel mehr, als ihn von Party zu Party zu schleppen. Manchmal setzte ich ihn auch extremen Abenteuern aus, nur um die Zeit totzuschlagen. Geändert hat sich das erst mit dem Singen und mit der Meditation! Denn plötzlich tat sich mir eine ganz neue Welt auf: Schritt für Schritt, Organ um Organ, wurde ich im Körper präsenter, bis ich anfing, das gesamte Spektrum meiner Empfindungen wahrzunehmen – oder fast das gesamte.

Aber das erforderte viel Zeit und Geduld. Ich kann mich noch gut an meine erste Meditation im Zen-Tempel von La Gendronnière im Herzen Frankreichs erinnern. Im zeremoniellen Gewand auf dem Kissen sitzend erläuterte der Meister uns, auf welche Körperpartien man achten sollte, wenn man eine korrekte Haltung einnehmen möchte: Beine, Wirbelsäule, Nacken, Scheitel, ja selbst die Berührung der Daumen bei der traditionellen Handhaltung! Man solle sie so aneinanderlegen, als hielte man eine Ameise dazwischen: Mit nicht zu viel Druck (das Ergebnis können Sie sich vorstellen) und auch nicht mit zu wenig (denn sonst türmt die kleine Ameise, deren Einverständniserklärung zu oben beschriebener Meditation man im Übrigen gar nicht eingeholt hat).

Was mich angeht, hätte dieses Tierchen zu Beginn ein – aus dessen Sicht – erfreuliches oder aber ein trauriges Schicksal erlitten: Entweder wäre sie ausgebüxt, oder sie hätte auf dem Altar der Konzentration unfreiwillig ihr Leben gelassen! Glücklicherweise wurden diese Experimente nicht an lebenden Tieren durchgeführt!

Wie Sie meinen Schilderungen unschwer entnehmen können, ließ mein Körperbewusstsein einiges zu wünschen übrig. Doch es hat sich Schritt für Schritt entwickelt, vor allem dank mancher Übungen, die ich Ihnen auf den Seiten 131 und 135ff. noch vorstellen werde. Denn zuerst wollen wir wieder ein paar wichtige Fragen klären: Warum der Körper? Was bringt uns ein gesteigertes Körperbewusstsein? Erst wenn wir die Bedeutung unseres Körpers einschätzen können, wird uns die »Stille des Körpers« ihre Wunder offenbaren … und ihre Verheißungen.

Ein abwesender Körper?

Folgen Sie mir ruhig … Ich möchte Sie zu einer Gesangsstunde mitnehmen. Denn für das Singen brauchen wir den Körper. Dieses Beispiel wird uns helfen zu verstehen, wie wichtig es ist, dass wir unsere Beziehung zum Körper neu erfahren. Falls das überhaupt nötig sein sollte …

Heimlicher Zuschauer bei einer Gesangsstunde

»Guten Tag, sind Sie Kankyo?« Eine junge Frau steht vor mir und sieht mich von unten an, während sie sich eine Haarsträhne hinters Ohr streicht. »Ja, kommen Sie herein …« Die erste Gesangsstunde, bei der man die Fäden einer gemeinsamen Beziehung knüpft, hat immer etwas Magisches. Wir werden auf Zehenspitzen das Universum des jeweils anderen erkunden. Wir werden in absoluter Offenheit das Mysterium unserer Persönlichkeiten erkunden. Wir werden lachen, uns Geheimnisse anvertrauen und diese herrliche Gabe genießen: Wie der Klang Stimme, Atem und Körper auf ganz natürliche Weise vereint. Und wir werden keinen Gedanken daran verschwenden, welches Wunder eigentlich dahintersteckt.

»Möchten Sie etwas trinken? Kaffee oder grünen Tee vielleicht? Wir werden uns ohnehin noch ein wenig unterhalten, bevor wir zum ernsten Teil übergehen!«

»Oh ja, gerne. Einen kleinen Kaffee vielleicht …«, haucht die junge Dame mit schüchternem Lächeln.

Ich lasse ihr einige Minuten Zeit, während ich den Kaffee zubereite. Ein bisschen Stille, gerade so viel, um auf ihren Herzschlag zu hören. Eine Stille, die ich durchbrechen werde, noch bevor die Konturen des Raumes scharf hervortreten.

»Nun erzählen Sie mal: Warum wollen Sie Gesangsstunden nehmen?«, frage ich und setze mich neben meine künftige Schülerin.

Die Antwort elektrisiert mich: »Ach, das ist für meinen Freund. Ich singe in seiner Band. Sie spielen Elektro. Aber mir ist schon klar, dass es mir an Technik fehlt. Ich möchte, dass meine Stimme sicherer klingt … Ich persönlich mag lieber Blues und französische Chansons, wie Camille oder Christine and the Queens sie singen.«

Ihr Lächeln ist zögerlich und frech in einem. Obwohl sie groß ist, hält sie sich gebückt und zieht den Kopf zwischen die Schultern wie ein gescholtenes Kind. Maximale Schutzhaltung.

»Treiben Sie Sport?«

»Ja, ich ziehe im Schwimmbad öfter ein paar Bahnen. Das ist zwar langweilig, aber …«, antwortet sie entschuldigend.

»Denn Gesang, wie ich ihn lehre, hat viel mit dem Körper zu tun. Die eigentliche Arbeit findet am Körper statt. Mit Menschen, die wie Sie Sport treiben und sich viel bewegen, ist es viel einfacher, wissen Sie. Das werden Sie noch sehen. Fangen wir an?«

Wir begeben uns in den Kursraum, der auf der anderen Seite der Räumlichkeiten liegt, die ich für meine Gesangsstunden miete. Ein weitläufiger, ganz in Weiß gehaltener Raum, der Gelassenheit ausstrahlt. Er ist Teil eines Zentrums, in dem der Zen-Buddhismus geübt wird. Hier werden morgens und abends die traditionellen Meditationen abgehalten. Man singt Sutren und bringt Weihrauchopfer dar. Während des Tages aber werden die Räumlichkeiten gewöhnlich nicht gebraucht, sodass ich hier meine Stunden halten kann – in einer Atmosphäre der Stille, die von der Autowaschanlage darunter kaum gestört wird. Mit ein bisschen Fantasie lassen sich die regelmäßigen Geräusche der Wasserpumpe in das Rollen von Ozeanwellen verwandeln … und schon ist der Gelassenheit Genüge getan!

Wir durchmessen den ganz in hellem Holz gehaltenen Meditationsraum, in dem die schwarzen Sitzkissen ein regelmäßiges Muster bilden. Dann treten wir in den »Aktivraum« ein: sechzig Quadratmeter Licht, die Decke erhebt sich in fünf Metern Höhe, der Boden ist mit hellem Teppichboden ausgelegt.

»Dies ist mein Übungsraum. Aber er ist streng geheim! Bitte sagen Sie niemandem, dass es so etwas mitten im Stadtzentrum gibt, sonst macht mir den vielleicht noch jemand abspenstig!«, witzle ich.

»Der Raum ist wunderbar, sehr entspannend«, sagt das Mädchen, dessen Name Aurélie ist.

»Hier können Sie Ihre Schuhe lassen. Wir machen es uns nämlich erst mal bequem … Die erste Stunde besteht im Wesentlichen darin, sich des eigenen Körpers bewusst zu werden. Wir werden auf Forschungsreise gehen! Zunächst einmal werden wir unseren Körper begrüßen. Wir werden ihn uns bewusstmachen. Die Zen-Meister nennen dies ›nach Hause zurückkehren‹. In unserer westlichen Gesellschaft legen wir viel Wert auf unser Gehirn. Sicher zu viel! Unglücklicherweise geht dies auf Kosten des Körpers. Daher werden wir heute zunächst einmal Kontakt mit unserem Musikinstrument aufnehmen. Wir werden es stimmen und ihm Resonanz geben. Es wird ihm sicher guttun, wenn wir ihm ein wenig Aufmerksamkeit schenken! Also stellen Sie sich aufrecht hin. Öffnen Sie die Arme wie ein Vogel, der seine Flügel ausbreitet, und genießen Sie es: Spüren Sie dieses Gefühl der Freiheit, der Offenheit …«

Aurélie macht gleich mit. Sie hat die Augen geschlossen. Die gerunzelten Brauen signalisieren noch Anspannung. Vielleicht fragt sie sich angesichts dieses etwas überraschenden Einstiegs, was sie im Laufe dieses Kurses noch zu erwarten hat. Doch ihre Neugier gewinnt die Oberhand, und so streckt sie die Arme aus und führt sie in weitem Bogen über den Kopf zu den Seiten. Und wir genießen gemeinsam dieses Gefühl eines Körpers, der freudig seine Grenzen ausdehnt.

An diesem Punkt beginnt für viele Menschen ein langsamer Prozess des Sich-wieder-Verliebens in den eigenen Körper. All die Jahre, in denen wir in der Schule gelernt haben, unseren kritischen Verstand zu schärfen, in denen wir lange Listen von unregelmäßigen Verben oder die Paragrafen des Strafgesetzbuches auswendig lernten, haben uns zu Halbwaisen gemacht: Wir haben einen großen Teil von uns selbst verloren. Jahre, in denen wir gezwungenermaßen die Geburtsdaten sämtlicher französischer Könige lernten (und sofort wieder vergaßen), haben ihn zu einem Schatten seiner selbst werden lassen, zu einem ewigen Gefangenen der Vernunft: unseren Körper. Wir haben ihn vergessen, weil wir das Denken so viel wichtiger nahmen.

Natürlich haben die meisten von uns in der Schule noch Sportunterricht gehabt, haben Tennis gespielt oder Fußball. Doch auch dabei ging es längst nicht mehr um den Zauber einer echten Körperkultur, sondern um Leistung, um Grenzüberschreitungen und Technik, um Noten und so weiter. All diese Dinge aber durchschneiden das intime Band, das zwischen Geist und Körper besteht. Obwohl ich fast zehn Jahre lang Turnerin war, kann ich mich nicht daran erinnern, dass man uns auch nur ein einziges Mal auf die Schönheit der Bewegung an sich aufmerksam gemacht hätte. Ganz im Gegenteil: Wir mussten unseren widerstrebenden Körper in die richtigen Positionen biegen, ihn mit der Peitsche antreiben, mit ignoranter Gewalt in eine Zwangsjacke stecken, um uns ein weiteres Glanzlicht aufzustecken. Dann nämlich, wenn uns eine blinkende Medaille um den Hals hing, konnten wir sicher sein, etwas wert zu sein.

Die Kluft zwischen diesem Körperbild und der taoistischen Vorstellung, die den Körper als Tempel sieht, in dem sich die uranfängliche Energie manifestiert, den man rituell reinigt, um den heiligen Moment der Inkarnation zu feiern, ist … mindestens ebenso tief wie die Chinesische Mauer hoch!

Ein Luftballon, eine Schnur und eine traurige Feststellung

Aber damit sind wir noch nicht am Ende. Rudolf Steiner, der berühmte Pädagoge und Gründer der gleichnamigen Schulen, hat für diese Disharmonie der Moderne ein sehr schönes

Bild gefunden. Er vergleicht die Kinder des 20. Jahrhunderts mit Luftballons: ein großer Ballon (der Kopf), an dem eine dünne Schnur hängt (alles an Körper, was sich unterhalb des Kopfes befindet). In diesem Bild drückte sich seine Kritik an einem Erziehungssystem aus, das allein die Intelligenz schult, den Rest aber einfach vergisst. Den Rest? Der nichts weniger umfasst als unsere Organe, unsere Empfindungen, unsere Gefühle, die Körperflüssigkeiten, die Energiekanäle … eine ganze Welt, die einfach verschwiegen wird! Diese Missachtung des Körpers geht mit Sicherheit auf den Einfluss der katholischen Kirche zurück, die alles, was auch nur entfernt mit Lust zu tun hat, an den Pranger stellte. So hat sie in Europa Menschen hervorgebracht, die wie leere Hüllen wirken, emotional Gehandicapte mit rauchenden Köpfen, aber ohne jede Erdung.

Diese Situation hat sich bis heute nicht verbessert, obwohl mittlerweile viele Menschen spüren, dass ihr inneres Gleichgewicht gestört ist. Heute scheinen die Jugendlichen mit ihrem Handy oder ihrem Tablet förmlich verwachsen zu sein. Natürlich haben sie so gleichsam ein Organ dazugewonnen, andererseits sind sie zu Gefangenen dieses neuen Instruments geworden, das der Flucht in virtuelle Welten dient. Was die intuitive Nutzung solch eines Gerätes angeht, sind sie nicht zu schlagen! Doch wo es um ein bewusstes Leben geht, darum, wie man mit aufgenommenen Reizen umgeht und sich die Freiheit nimmt, zu reagieren oder nicht, scheint die Schlacht verloren: Eine SMS kommt an, und die Hand des Smartphone-Besitzers fährt automatisch in die Brusttasche und hangelt das Gerät heraus. Mit bewusster Wahl hat das nichts mehr zu tun: Der Griff erfolgt ganz automatisch, ohne einen einzigen Funken Präsenz. Ähnlich verhält es sich mit dem Fernsehen oder dem Internet. Sie schenken uns lange Zeiten am Stück, in denen wir nicht wirklich anwesend sind, gleichsam eine organisierte Trance. Sie glauben das nicht? Nur ein Beispiel: Wir sitzen vor dem Fernseher und folgen gebannt einem Action-Film. Der Protagonist öffnet mit dem berühmten »Plopp« eine Dose eines Erfrischungsgetränks. Und schwupp stehen wir vor dem Kühlschrank und holen uns etwas zu trinken. Wie die Roboter.

Die virtuelle Welt – der Gipfel des Fake-tums – verdrängt allmählich das verkörperte, volle Leben mit all seinen Höhen und Tiefen. Die Inszenierung des eigenen Lebens in den sozialen Netzwerken, bei der wir eine eingebildete Welt schaffen, lässt keinen Raum mehr für die natürliche Entwicklung eines menschlichen Wesens, zu der es gehört, dass wir Schritt um Schritt lernen, unsere Grenzen zu akzeptieren, unser Potenzial zu leben und uns mit unserem Körper zu versöhnen – und zwar so, wie er ist und nicht, wie wir ihn gerne hätten.

Zu dem Bild Rudolf Steiners – großer Kopf, ein Fädchen als Körper – ist etwas dazugekommen: das Helium. Ein sehr leichtes Gas, so leicht wie die virtuellen Welten … das uns immer weiter von der vermeintlichen Erdenschwere fortträgt, in die Oberflächlichkeit und Imagination hinein.

Warum ist der Körper abwesend?

Warum also fällt es uns so schwer, »in den Körper zurückzukommen«? Ganz einfach, weil der Körper in enger Beziehung zur Wirklichkeit steht. Da ist zum einen die pragmatische Seite: Der Körper atmet, verdaut und verspürt Emotionen (Angst, Freude, Abscheu, Lust et cetera). Wenn wir ganz genau achtgeben, merken wir, dass diese Gefühle im Körper wahrgenommen werden. Das zeigt sich schon an den vielen sprachlichen Wendungen wie »Schmetterlinge im Bauch« und »Es geht mir an die Nieren« oder »Schiss haben« und »Liebe macht blind« (worin einmal mehr deutlich wird, dass Leidenschaft mit Vernunft nichts zu schaffen hat … aber das ist ein anderes Thema).

Unser Körper und unsere Emotionen sind also eng miteinander verwoben. Sich vom Körper abzuschneiden heißt, jeder möglichen negativen Emotion aus dem Weg zu gehen und lieber an der Oberfläche zu bleiben … bis der Körper uns wieder einholt, indem er eine jener psychosomatischen Erkrankungen produziert, die immer noch sein Geheimnis bleiben. Meist ist der Grund eine fortgesetzte Stresssituation, ein nicht ausgelebter Schmerz, ein tägliches Unwohlsein, das sich in einer dauerhaften inneren Anspannung niederschlägt. Und plötzlich bekommen wir ein Magengeschwür oder ein Ekzem, gegen das nichts zu helfen scheint. Lauter Signale eines nicht gelebten Gefühls, das verzweifelt nach Ausdruck verlangt. Diesen Ausdruck findet es ersatzweise im Körper, der nicht schweigt und seine intuitive Intelligenz nutzt, um uns seine Botschaft zu schicken. Nein, er stampft mit dem

Fuß auf, er reagiert, er schreit auf – auf seine Weise –, damit wir endlich reagieren. Der Körper durchbricht also die natürliche Stille, die er sich auferlegt, seine ursprüngliche Harmonie, um dem Gehirn eine Forderung zuzustellen: Es muss sich etwas ändern.

Leider hört der Mensch in den meisten Fällen nicht hin, zumindest nicht bei dieser Art von Signalen. Er hat in der Schule nicht gelernt, wie man mit Emotionen umgeht. Er weiß nicht, wie sein Denken arbeitet. Er hat Angst, von seinen Gefühlen überrannt zu werden, daher schneidet er sich von ihnen ab. Und die Gesellschaft stellt ihm hierzu ein unerschöpfliches Arsenal an Möglichkeiten zur Verfügung. In solch einer Welt nehmen die Süchte überhand, von der Magersucht bis hin zur Drogensucht. Es gibt unzählige Mittel und Wege, sich seiner überbordenden Emotionen zu entledigen. Und der Körper gerät in Vergessenheit. Für manche ist das eine Frage des Überlebens, denn sie haben es einfach nicht anders gelernt. Genau dasselbe geschieht übrigens bei traumatischen Erlebnissen. Opfer von Kriegen, Vergewaltigungen oder tragischen Unfällen schalten zunächst einmal ab. Sie entkoppeln sich förmlich von ihrem leidenden Körper, um zu überleben. In der Therapie wiederum ist es in manchen Fällen die Aufgabe des Therapeuten, seinem Patienten ebendiese »Dissoziation« genannte Abkopplung zu ermöglichen: Er oder sie bringt dem Betroffenen bei, in eine angenehme Erinnerung einzutauchen. Das kann zum Beispiel bei der Vorbereitung auf eine schwierige Operation helfen. Doch diese Methode sollte wirklich nur bei schweren Traumata angewandt werden. Wenn wir nicht gerade davon ausgehen, dass das Leben selbst ein Trauma ist, können wir die Präsenz des Körpers und all die Vorzüge, die sie mit sich bringt, genießen.

Aus ebendiesem Grunde haben die Weisen aller Zeiten Mittel und Wege ersonnen, wie wir in den Körper zurückkehren können und mit unseren negativen Emotionen umzugehen lernen. Mit diesen Methoden möchte ich Sie im Folgenden bekannt machen.

Für eine neue Beziehung zum Körper: Fühlen lernen

Der Weg zur Freiheit

Hierin sind sich die Weisen aller spirituellen und philosophischen Traditionen einig: Fühlen zu lernen ist der Weg zur Freiheit. Was gibt es Schöneres, als in seinen Emotionen frei zu werden, sie gut genug zu kennen, um mit ihrer Hilfe eine neue Lebensqualität finden zu können? Denn wenn wir uns von unserem Körper abkoppeln (weil wir es gewohnt sind oder weil wir es so gelernt haben), berauben wir uns gleichzeitig folgender wunderbarer Empfindungen: wie ein sommerlicher Sprühregen uns die Stirn kühlt; wie wir vor Freude herumhopsen und genießen, wie diese Energie den ganzen Körper durchströmt; wie wir mit vor Vergnügen geschlossenen Augen ein neues Gericht kosten; wie wir nach einem Regenschauer mit geweiteten Nüstern den Duft der Erde bis tief in unsere Zellen einsaugen; wie wir uns ins Gras fallen lassen wie eine Katze, nur um uns dann wieder zu erheben und auf allen vieren durch die Wiese zu krabbeln, die Nase am Boden, um auch nicht ein Quäntchen all der aufregenden Düfte zu verpassen … (Diese Übung würde ich Ihnen in der Stadt allerdings nicht empfehlen. Zum einen laufen Sie dort Gefahr, wegen »Störung der öffentlichen Ordnung« von gewissen Männern in Weiß eingesammelt zu werden, zum anderen gibt es dort massenhaft Hundedreck.)

Der Körper schenkt uns also Zugang zum sinnlichen Vergnügen, und ich überlasse es Ihnen, sich die Konsequenzen dieser Aussage genussvoll auszumalen. Und damit ist es noch nicht getan: Denn die Präsenz im Körper ist der einzige Weg, uns ganz im gegenwärtigen Augenblick zu verankern.

Der gegenwärtige Augenblick = der Körper. So einfach ist das. Im Hier und Jetzt leben heißt, den eigenen Körper zu spüren – in Echtzeit. Wenn wir uns von unserem Körper abkoppeln, akzeptieren wir, dass wir woanders leben, in einer virtuellen Realität, ganz allein in unseren sublimierten Welten.

Emotionen sind körperliche Empfindungen

In dieser Hinsicht waren sich die verschiedenen psychologischen Schulen nie ganz einig. Die einen gehen davon aus, dass die Emotion ihren Ursprung im Gehirn hat: Ich denke an einen verstorbenen Freund und verspüre daraufhin Traurigkeit im Körper. Andere hingegen zäumen das Pferd von der anderen Seite her auf: Wir spüren eine unangenehme

Empfindung im Bereich des Solarplexus, und sofort macht sich unser Gehirn daran, sie zu analysieren, um die Ursache festzustellen. Heute allerdings hat sich dieser Streit durch experimentelle Untersuchungen gelegt. Man hat festgestellt, dass beide Schulen recht haben. Einmal läuft es so herum, dann wieder anders. Aber natürlich zeichnet sich auch hier ein mittlerer Weg zwischen den Extremen ab, der mich besonders anspricht: In beiden Schulen nämlich ist der Körper gleichermaßen wichtig. Emotionen entfalten ihre Wirkung auf den Körper, ob nun bewusst oder unbewusst. Dies aber gibt uns, wie wir gleich sehen werden, eine Möglichkeit an die Hand, mit ihnen umzugehen.

Wenn wir uns die Repräsentation der Welt in unserem Kopf ansehen, stellen wir fest, dass sie sich in Bildern, in unserer »inneren Stimme« und in körperlichen Empfindungen ausdrückt (siehe Kapitel 3 und 4). Letzteres wird uns in diesem Abschnitt beschäftigen. Man nennt dies auch »Kinästhesie«. Dazu eine kleine Übung: Schließen Sie einen Moment lang die Augen (aber bitte vorher noch die Anleitung zu Ende lesen!) und konzentrieren Sie sich auf Ihren Körper. (Sie wissen ja, das ist das Ding vom Hals an abwärts.) Spüren Sie nach Belieben in verschiedene Körperpartien hinein. Fühlen Sie, ob sie sich warm oder kalt anfühlen. Spüren Sie den Herzschlag, den Puls, die Leichtigkeit, die Schwere eines bestimmten Körperteils. Entdecken Sie dabei vielleicht ein Gefühl? Wenn ja, wo ist es lokalisiert?

Wenn wir uns dafür ein bisschen Zeit nehmen, gibt es eine ganz neue Welt zu entdecken. Ist das Gefühl, das Sie er-spürt haben, unangenehm, dann brechen Sie die Übung bitte sofort ab. Ist es hingegen schön, dann machen Sie weiter und … teilen Sie es ruhig mit anderen!

Sie haben gerade eine Form des Denkens entdeckt. Manche Menschen nutzen diesen Kanal recht intensiv. Sie nehmen viel über ihren Körper wahr. Sie tragen gerne Kleidung, die ihnen ein angenehmes Hautgefühl verschafft, und eine Beziehung ohne Körperkontakt ist für sie nicht vorstellbar. Ein kinästhetischer Mensch empfindet das Fehlen des Hautkontaktes als Zurückweisung und reagiert entsprechend empfindlich darauf. In unserer westlichen Gesellschaft gründen sich soziale Beziehungen auf das visuelle Moment (also nicht auf Berührungen). Das Leben in diesem Umfeld ist für den Kinästheten gespickt mit kleinen Pfeilen, die ihm wehtun, ohne dass er wüsste, weshalb das so ist. Der kinästhetische Mensch hat das Glück, eine unglaubliche Bandbreite von Empfindungen wahrzunehmen, eine Welt von emotionalen Eindrücken, doch leider weiß er damit meist nichts anzufangen.

Was fängt man mit seinen Emotionen an?

Hier bietet sich uns eine ganze Reihe von Möglichkeiten: manche recht praktisch und konkret, andere sind spiritueller ausgerichtet. In beiden Fällen sollen die nachstehend beschriebenen Übungen Ihnen helfen, Ihre Beziehung zum Körper zu vertiefen und ihn in einem Umfeld der Ruhe und Stille in einen anderen Rhythmus zu überführen.

Wie Sie vielleicht längst erraten haben, ist dies meine Lieblingsübung! Sie geht weit über die rein persönliche Entwicklung hinaus. Tatsächlich stellt sie uns – den Lehren der Erwachten zufolge – auf Du und Du mit den Engeln. Das dürfen Sie mir ruhig glauben, vor allem, weil im Buddhismus die Engel … wir selbst sind!

Was flüstert da eine missgünstige Stimme in mein Ohr? Halb Engel, halb Teufel? Aber keineswegs. Wir gelten als echte Engel aus Fleisch und Blut. Denn die spirituelle Methode, die ich Ihnen hier vorstellen möchte, lässt uns unsere »ursprüngliche Natur« wiederentdecken, die man im Buddhismus »Buddhanatur« nennt. Alle Welt hat die Buddhanatur, alle Welt ist also ein potenzieller Buddha, ein Engel, ein wunderbares Wesen … Leider verbirgt sich dieser strahlende Kern häufig hinter den dunklen Schleiern unseres rationalen Denkens.

Die spirituelle Methode lädt uns ein, in ein ganz anderes Paradigma einzutauchen: Wir schmuggeln ein Werkzeug ein, das einen Spalt für die Unendlichkeit öffnet. Und schon erscheint vor unseren Augen ein wunderbares Bild. Die beste Version unseres Selbst, wir als strahlender Engel. (Anmerkung für den Leser: Sollten Sie sich Sorgen um meinen Geisteszustand machen, weil ich mit Engeln rede, dann darf ich Ihnen versichern: Diese Zeilen schreibe ich im Vollbesitz meiner geistigen Kräfte. Ich habe zwar Schnupfen, aber ich habe keine Substanzen eingenommen, die etwa den Tatbestand des Dopings erfüllen würden. Doch die Erfahrung der

Weltseele versetzt mich einfach in einen Zustand des absoluten Enthusiasmus. Und dieses Wort ist ja an sich schon interessant, weil es sich ableitet von *éntheos*: »jemand, der von Gott erfüllt ist«. Wie bitte? Meine Erklärung lässt meinen Fall noch hoffnungsloser erscheinen? Na gut, dann überlasse ich Sie eben den kundigen Händen der Engel … Namasté …)

Worin aber besteht dieses eingeschmuggelte Element, dieser Zaubertrank, der uns die Tage erhellt und unsere Buddha-(Engel)-Natur zum Vorschein bringt? Ganz einfach: bedingungslose Liebe.

Und die Gebrauchsanweisung ist ebenso simpel: Welches Gefühl auch immer aufscheinen mag, lassen Sie es sein und wieder vergehen, ohne einzugreifen. Registrieren Sie das Auftauchen der Emotion an der entsprechenden Körperstelle und lassen Sie sie dann ganz natürlich wieder verschwinden. Das Sein-Lassen setzt eine innere Haltung der bedingungslosen Liebe zu Ihren eigenen Gefühlen voraus. Alle Emotionen, die uns erfassen, werden akzeptiert, ohne sie zu verurteilen, zurückzuweisen oder festzuhalten. Normalerweise lernen wir, wie wir das, was uns nicht gefällt, ändern, ja stattdessen angenehme Empfindungen hervorrufen können. Wir versuchen, die Ängste loszuwerden, die Traurigkeit, den Stress. Das ist nur logisch und in vielen Fällen auch gerechtfertigt. In den folgenden Abschnitten werden wir das ganz genauso machen. Doch die spirituelle Methode geht sehr viel weiter. Mit ihr begeben Sie sich mitten hinein ins Herz des Vulkans und lassen Ihre Ängste einfach los. Das ist der Weg des Kriegers, der Mut und Entschlossenheit erfordert. Aber es ist auch der Weg der Versöhnung, des Abstandnehmens vom Kampf, des Annehmens von allem, was ist, des »Guten« ebenso wie des »Schlechten«. (Ich habe diese beiden Begriffe ganz bewusst in Anführungszeichen gesetzt, denn das Leben lehrt uns, dass sich häufig wandelt, was uns »gut« oder »schlecht« erscheint …) Der erste Schritt – eine Intuition, die uns anfangs nur ins Ohr flüstert, später aber laut und deutlich sagt: »Du bist super! Das ist klasse! Alles ist okay!«

Und wie funktioniert das nun?

Die Übung

Setzen Sie sich ruhig hin. Werden Sie sich der Gefühle bewusst, die Sie im Körper spüren. Kämpfen Sie nicht dagegen an. Beschränken Sie sich auf das simple Beobachten dessen, was passiert, in einer inneren Haltung des grenzenlosen Annehmens. Nehmen Sie alles auf, wie ein gewaltiger Spiegel, und lassen Sie es ganz natürlich wieder vergehen, genauso schnell, wie es gekommen ist. Man spricht hier von bedingungsloser Liebe, weil dahinter die Fähigkeit steht, alles anzunehmen, was den Menschen in seiner Gesamtheit ausmacht.

Das Bonusmaterial

Erst wenn Sie diese innige Liebe zu sich selbst erfahren haben, können Sie anderen Ihre ganze menschliche Wärme schenken. So verbreiten Sie tiefe Freude um sich herum.

Handelt es sich um eine besonders starke Emotion, dann fangen Sie klein an. Beobachten Sie sie einen kurzen Augenblick und richten Sie Ihre Aufmerksamkeit dann wieder auf Ihre Atmung, Ihre Bauchdecke, die sich hebt und senkt. Sind Sie noch nicht so geübt in der Haltung des Beobachtens, kann es vorkommen, dass sich die Emotion verstärkt, statt zu vergehen. Dann handelt es sich nicht um das gelassene Beobachten, sondern um eine Art »nach innen gerichteter Konzentration«. Dabei aber fehlt der weite Raum, in den die Emotion sich auflösen kann. Es kommt zum Kurzschluss, die Beobachtung bleibt im Körper gefangen.

Ein kleiner Tipp unter Freunden

Im Buddhismus wird die Praxis üblicherweise in der Gruppe ausgeführt, mit einer Person, die die Meditation anleitet. Das verschafft uns einen äußeren Anker, der Sicherheit bietet. So können wir uns unseren inneren Drachen mutig stellen.

Die schamanische Methode: das Rad des Lebens

Der Schamane ist Bindeglied zwischen der Erde, dem materiellen Leben, und dem Himmel, der Welt der Geister. Mit seinen Gebeten und Anrufungen schließt er die Risse im Teppich unseres Lebens, der beide Dimensionen vereint. In dieser Übung werden wir zum Schamanen unseres eigenen Lebens. Wir stellen die Verbindung zum Körper wieder her, wir tauchen ganz in das Fleisch ein, das wir sind, um unsere Emotionen zu befreien, um uns ganz frei zu fühlen. Nicht mehr und nicht weniger.

Ich habe diese Technik während meiner Ausbildung zur Hypnotherapeutin kennengelernt und sie sofort in mein Repertoire aufgenommen. Auf diese Weise lassen sich viele innere Widersprüche – Quellen des Leids – befrieden, sodass Raum für anderes entsteht.

Die Übung

Setzen Sie sich an einem ruhigen Ort, an dem Sie nicht gestört werden, bequem hin. Nehmen Sie sich Zeit und spüren Sie in sich hinein, welche positive Emotion Sie anstelle des jetzigen unangenehmen Gefühls gerne fühlen würden. Um sie aufzuspüren, können Sie sich vielleicht überlegen, was der schönste Moment Ihres Lebens war. Welches Gefühl hat diesen Augenblick geprägt? In welchem Teil Ihres Körpers spüren Sie es? Machen Sie sich dieses Gefühl bewusst, dann können Sie es später nach Belieben aufrufen. Dieser Teil der Übung kann bis zu zwei Minuten dauern. Anschließend treten Sie in Kontakt mit der unangenehmen Empfindung, die Sie an der Entfaltung Ihres Potenzials hindert. Wo im Körper spüren Sie diese? Wie viel Raum nimmt sie im Körper ein?

Und nun nutzen wir das Rad des Lebens: Unsere Emotionen sind nämlich Gemüts*bewegungen*. Das geht schon aus dem Begriff hervor, der sich vom lateinischen *emovere* ableitet, »etwas herausbewegen«. Sie spüren die Emotion im Körper und werden sie nun langsam davongleiten lassen. Lassen

Sie sie langsam im Kreis drehen. Dann erhöhen Sie die Geschwindigkeit ein wenig und spüren, wie die Emotion stärker wird … für einen kurzen Augenblick.

Achtung!

Es ist absolut unumgänglich, dass Sie die unangenehme Empfindung durch und durch spüren, bevor Sie sie in einigen wenigen Augenblicken loslassen können. Nur so, nur indem wir all das in Bewegung versetzen, können wir uns die Macht über diese Empfindung zurückholen und die Energie von Neuem frei fließen lassen. Das Rad des Lebens erlaubt uns – und das ist seine wichtigste Funktion –, aus der Stagnation herauszutreten, uns selbst am Schopf aus den emotionalen Sümpfen zu ziehen. Und sobald sich der aufgewirbelte Schlamm legt, können wir sehen, wie der Sumpf zu hellem, klarem Wasser wird.

Jetzt ist es so weit. Bremsen Sie die Kreisbewegung, die Emotion allmählich ab und spüren Sie diesem Vorgang nach: Der Würgegriff des Gefühls lockert sich im selben Maße.

Aber damit ist es noch nicht getan, denn die Natur liebt keine Leerstellen. Und so ermöglicht uns das Rad des Lebens, anstelle der unangenehmen Empfindung eine sehr viel schönere emporzuholen. Und das geht so: Die schwierige Emotion ist verschwunden, zumindest hat ihre Umklammerung nachgelassen. Nun drehen Sie das Rad des Lebens erneut, aber *in die andere Richtung*: Und aus den Tiefen Ihres Wesens steigt ein wohltuendes Gefühl auf, das mehr und mehr Raum beansprucht. Genießen Sie es, spüren Sie diesem Atemzug der Schöpfung nach. Wenn Sie das Rad nun schneller laufen lassen, verstärkt sich auch diese Emotion, bis Sie vor Glück, Freude, Wohlbefinden … fast vergehen. Was genau es ist, liegt an Ihnen.

Ich für meinen Teil beende diese Übung gerne mit einem kurzen, wilden Lachen, das viel Energie freisetzt und hinter sich eine fröhlich blubbernde Bläschenschleppe als Kielwasser herzieht.

Das Bonusmaterial

Diese Übung hilft nicht nur dabei, mit negativen Emotionen fertig zu werden. Regelmäßig ausgeübt schenkt sie uns eine starke Verbindung zum Körper und eine gute Kenntnis des eigenen Selbst. Eine Übung, in der Konzentration und Selbststudium dafür sorgen, dass wir auf dem Weg unserer menschlichen Entwicklung sicher auftreten können.

Das Geheimnis

Der Knackpunkt bei dieser Übung ist der Wechsel zwischen zwei völlig verschiedenen Emotionen. Nehmen Sie sich genug Zeit, um sich Ihre positive Ressource so lebendig wie möglich vor Augen zu führen. Stellen Sie sich die zugehörige Situation in allen Einzelheiten vor, um ganz in das Glücksempfinden einzutauchen. Erst dann setzen Sie das Rad des Lebens in Bewegung.

Ich mache diese Übung regelmäßig in meinen Hypnotherapie-Sitzungen. Sie erlaubt uns, viele unserer »negativen« Emotionen aufzuscheuchen und sie zum Tanzen zu bringen. Fangen Sie mit den Kleinigkeiten an, die Sie im Alltag stören, und gehen Sie erst allmählich zu den stärkeren Gefühlen über. Auf diese Weise lernen Sie schrittweise, die Methode zu beherrschen, bevor Sie ans Eingemachte gehen.

Die Methode Pina Bausch

Pina Bausch war Tänzerin und Choreografin. Ihr Anliegen war es, alle Welt zum Tanzen zu bringen. Junge und Alte, Schöne und Hässliche, Menschen aller Hautfarben … Tanz ohne Grenzen. Sie hat umwerfende Tanzstücke geschaffen, in denen der ganze Facettenreichtum, die ganze Zerbrechlichkeit des menschlichen Daseins zum Ausdruck kommen. Bei Pina Bausch gab es keine gestärkten Ballettröckchen und keine in Spitzenschuhe gezwängten Zehen. Bei ihr war der Fuß frei und die Kleidung seidenweich, sodass man sie auch im Alltag tragen konnte. Maximale Kunst, die das Heilige in das Alltagsleben trug.

Und genau das ist unsere Aufgabe als Menschen: das Heilige in den Alltag zu tragen. Was gibt es Schöneres, als sich das eigene Leben als Kunstwerk vorzustellen? Als Choreografie, die wir Schritt für Schritt neu erfinden können?

Daher möchte ich Ihnen jetzt eine Tanzübung vorstellen, an der selbst die Tapsigsten ihre Freude finden. Wenn selbst

Nilpferde elegant dahinschweben können (wie wir spätestens seit Disneys *Fantasia* wissen), warum nicht auch wir? Außerdem gibt es bei dieser Übung keine Zeugen. Zumindest würde ich Ihnen das raten. Also los, gehen Sie auf Entdeckungsreise!

Ich habe diese Übung bei meinen Kursen zur Neurolinguistischen Programmierung entdeckt. Was mir daran gefällt, ist zum einen der spielerische Aspekt, zum anderen die Wirksamkeit. Seitdem schlage ich sie meinen Patienten häufig vor, mache sie aber auch selbst, wenn ich das Gefühl habe, emotional blockiert zu sein.

Die Übung

Nehmen Sie sich ein mit einer aktuellen Situation verknüpftes Gefühl bzw. eine Empfindung vor, die Sie als unangenehm empfinden. Formulieren Sie einen Satz, der die ganze Empfindung ausdrückt. Zum Beispiel: »Ich bin blockiert.«, »Meine Nerven liegen blank.«, »Ich bin traurig.« Dann wiederholen Sie diesen Satz und beginnen zu tanzen. Geben Sie Ihren Gesten Raum. Breiten Sie die Arme weit aus, als wären Sie eine Wildgans im Flug. Drehen Sie sich, gleiten Sie in Wellen dahin. Ihre Bewegungen sind fließend, gleichzeitig wiederholen Sie immer wieder diesen Satz – zwei bis drei Minuten lang. Wählen Sie ein Musikstück, das zu raumgreifenden Bewegungen einlädt. Ein bisschen Mozart ist hier nicht verkehrt!

Das Geheimnis

Negative Emotionen sind stagnierende, blockierte Energie. Wenn man ihnen einen Impuls gibt, sie in Bewegung versetzt, um dann ihre Richtung zu ändern (sie neu auszurichten), erhalten wir Zugang zu anderen Gefühlen, die wir ebenfalls freisetzen können. Dann wird die fließende Bewegung des Körpers zum befreienden inneren Fluss.

Die Auswirkung

Sie werden schon nach kurzer Zeit bemerken, dass der Satz, den Sie ausgewählt haben, und die dahinterstehende Emotion ihre Macht verloren haben. Es ist schwierig, sich blockiert zu fühlen, wenn man seine Flügel entfaltet. Es ist schwierig, wütend zu sein, wenn man in weichen, langsamen Wellenbewegungen dahingleitet. Zwischen dem Gefühl, das sich in dem Satz verkörpert, und der Bewegung besteht ein Widerspruch, der nach Auflösung, nach Veränderung strebt. Und vielleicht findet Ihr Gehirn es ja für einen kurzen Augenblick ganz amüsant, wenn Ihre »Nerven blank liegen«.

Ein kleiner Rat unter Freunden

Alles ist gut, wenn es unserem vergessenen Körper neue Energie und neues Leben schenkt. Tanzen, laufen, sich im Gras wälzen, im Regen spazieren gehen. Alles, was uns erlaubt, die Nase aus unserer automatisierten Gedankenproduktionseinheit herauszustrecken, die wir »Kopf« nennen. Alles, um sich wieder im Fühlen zu verwurzeln, im Nachspüren eines Windhauchs auf der Wange, im bezaubernden Anblick einer Katze, die sich in der Sonne räkelt.

Der stille Körper

Gib nie die Bewegung auf,
um zur Ruhe zu kommen.
Strebe vielmehr nach Ruhe in der Bewegung.

Taoistisches Sprichwort

Die Teezeremonie

Als ich in Japan ein Zen-Retreat absolvierte, hatte ich das Glück, eine Einweisung in die Teezeremonie nach der Urasenke-Schule zu erhalten. Dies ist ein spiritueller Pfad, in den jeder Aspekt des täglichen Lebens eingebunden ist. Der Kurs fand in einem wunderschönen Teepavillon statt, in dessen atemberaubendem Garten ich am liebsten Stunden verbracht hätte … Doch wir waren nicht zur Kontemplation hier. Überhaupt füllten die Nonnen den ganzen Tag mit ihren Aktivitäten, was als Zeichen der Hingabe an die Praxis gilt und für gute Gesundheit steht. Die Kurse wurden von einer kleinen Nonne gegeben, die weit über siebzig sein musste. Sie kam zwei oder drei Mal pro Woche ins Kloster.

Wenn wir nach drei Stunden Teezeremonie die Kursräume verließen, konnten wir kaum noch gehen. Das lange Sitzen in *seiza* (kniende Position auf der Tatami-Matte) schaffte selbst die Geübtesten unter uns. Aber das war nicht der entscheidende Punkt. Die Teezeremonie wird seit Jahrhunderten genauso durchgeführt, wie wir sie erlernt haben. Jede Geste ist von erstaunlicher Präzision, ein aus der Zeit gefallenes Ritual mit einer Konzentration noch auf die kleinsten Details, die uns im heutigen Leben völlig abhandengekommen ist. Wir waren aufgefordert, in die Vergangenheit mit ihren ausgefeilten Höflichkeitsformen und der scharfen Präzision eines Samuraischwertes einzutauchen.

Aus diesen Sitzungen habe ich vor allem eines mitgenommen: ein Gefühl für die Bedeutung von Gesten, die in all ihrer Eleganz gemeistert werden wollen. Schon das Betreten des Raumes, das Grüßen, das Säubern der Teeschale ist eine bestimmte Form der Körperbewegung, die in jeder winzigen Geste vorgezeichnet ist. Nie zu viel und nicht zu wenig. In dieser schweigenden Bewegung drückt sich der Mensch aus, der man ist. Ich habe es genossen, die Schale zwischen meinen Händen zu drehen, die Gegenstände aus Holz zu berühren, deren Konturen der Zahn der Zeit glattgeschliffen hat. Die fließenden Gesten der Teemeisterin inspirierten mich zutiefst. Das Reinigen der Finger im steinernen Bassin, das Übergießen mit der Bambuskelle waren für mich wie ein Wunder! Jede Bewegung ein stilles Gedicht, das ganz dem gegenwärtigen Augenblick gewidmet ist. Der Körper wird zu einem harmonischen Instrument. Er stößt nicht mehr an Dinge, sondern verschmilzt mit ihnen. Er zollt den Dingen Ehrerbietung, streichelt den leeren Raum und schmückt geschmeidig das Vergehen der Zeit.

Den Alltag zum Ritual machen

Als ich nach Frankreich ins Kloster zurückkehrte, achtete ich verstärkt darauf, in meinen Gesten präsent zu sein. Im Kloster ist dies einfacher als im Alltag, da wir viele traditionelle Gesten haben. So verneigt man sich mit vor der Brust gefalteten Händen, man macht Niederwerfungen oder betritt und verlässt den Raum mit einer bestimmten Abfolge von Bewegungen … Im normalen sozialen Leben ist dies natürlich anders. Daher möchte ich Ihnen ein paar Dinge ans Herz legen, die es meiner Ansicht nach leichter machen, harmonisch im Körper präsent zu sein.

Lernen Sie, die Türen zu schließen

… und natürlich auch, sie zu öffnen! All das sollte in Stille geschehen. Kein Türenschlagen, ja überhaupt kein Geräusch: Man schließt die Tür nach allen Regeln der Kunst, langsam und sorgfältig, weil man in seinen Gesten präsent ist. Mit solch einer einfachen Maßnahme reduzieren Sie im Übrigen auch die Lärmbelastung in den Städten. Das ist quasi ein Dienst an der Menschheit. Zwei Fliegen mit einer Klappe!

Achtsam Gemüse putzen

Dies lernt man für gewöhnlich schnell, denn es geht letztlich nur darum, beim Kochen »ganz da« zu sein, in jeder einzelnen Geste. Die Küche ist dafür der ideale Ort, denn all die Geschmäcker, Düfte, Gewürze und anderen Gerüche laden uns förmlich dazu ein, den Augenblick zu genießen. Und so vollführen wir jede Geste achtsam und in Stille, als würden wir den Tag beschließen. Schon ist alles friedlich, schon können wir den Gerichten nachschnuppern, die in den Töpfen vor sich hin köcheln, ganz ruhig … oder auch nicht! Denn was ich hier beschrieben habe, ist natürlich das Ideal – bei dem Ihnen keine Kinder zwischen den Beinen herumkrabbeln, Sie keinen Stress in der Arbeit haben, keinen launischen Ehegatten neben sich und viel, viel Zeit, um das Essen zuzubereiten … ein Traum, nicht wahr?

In Wirklichkeit ist der Alltag meist sehr viel weniger friedlich. Aber die volle Achtsamkeit auf jede Geste verlangt eigentlich kein besonderes Umfeld. Sie können sie im Büroalltag mit all seiner Hektik ebenso praktizieren wie im Restaurant, ja sogar auf der Straße. Die Übung dauert vielleicht nur eine Minute. Eine Pause, um dem Kind achtsam die Nase zu putzen. Dann können Sie weitermachen.

Diese beiden Rituale sollten Sie so oft wie möglich üben. Immer in kleinen Einheiten. Dann gewöhnt Ihr Geist sich allmählich an diese neue Spielweise des Seins. Und Sie legen den Grundstein für eine Form der Alltagsspiritualität, aus der am Ende Weisheit wird!

Teil III

Wie Sie sich in Stille üben

Kapitel 6

Eine Kur der Stille für zu Hause (Der Methodenteil)

Wie können wir uns – zu Hause oder anderswo – ein oder zwei Tage lang von der Welt abkoppeln und beste Bedingungen für unsere Praxis der Stille schaffen? Warum überhaupt eine Kur der Stille? Nun, weil die Idee zum einen leicht umzusetzen ist, und zum anderen einige verborgene Schätze bereithält, die Sie in Ihrer Entwicklung weiterbringen können.

Auf den folgenden Seiten finden Sie verschiedene Tipps für Ihre Kur. Es handelt sich um Vorschläge, die auf meinen Erfahrungen basieren und die Sie Ihren Anforderungen gemäß abwandeln können. Wenn Sie es nicht schaffen, sich mehrere Stunden am Tag für die Praxis freizumachen, kümmern Sie sich einfach am Vorabend um die Vorbereitung. Das klappt ebenso gut.

Ob Ihre Kur nun drei Stunden dauert oder zwei Tage, das achtsame Eintauchen in die Edle Stille durch die Pforte der Konzentration wird Ihnen guttun.

Die Vorbereitung

Alles beginnt am Vorabend oder auch schon einige Tage früher. Da ist zunächst die Entscheidung, sich auf das Experiment einzulassen. Dann bereiten Sie sich innerlich darauf vor, den Rhythmus zu wechseln. Und Sie legen alles bereit, was Sie für Ihr Stille-Retreat brauchen.

Schluss mit den Schuldgefühlen

Ich habe vor einigen Jahren eine Psychoanalyse bei einer sehr weisen Dame gemacht, Madame Gabrielle Bastian. Eines Tages klagte ich wieder aus tiefster Seele und beschrieb ihr die vollkommene und tiefgründige Persönlichkeit, die ich das Pech hatte, *nicht* zu sein. Da meinte sie mit maliziösem Lächeln: »Aber Kankyo, Sie beschreiben mir hier einen Menschen von gut siebzig Jahren, der die Herausforderungen des Lebens eine nach der anderen gemeistert hat und nun die Früchte erntet. Sie sind doch erst achtundzwanzig … Lassen Sie sich doch Zeit zum Lernen!«

Das war genau der gesunde Schock, den ich brauchte. An diesem Punkt habe ich aufgehört, einem unerreichbaren Ideal nachzulaufen.

Oder vielmehr: Ich habe angefangen, schrittweise und in meinem Rhythmus auf dieses Ideal zuzugehen. Das ist ein bisschen, als würden Sie den Mont Blanc besteigen wollen. Wenn Sie sich Knall auf Fall für diese Expedition entscheiden und dann in aller Herrgottsfrühe in Sandalen am Fuß des Berges stehen, dann gibt es vermutlich eine böse Überraschung. Und Sie wagen sich erst gar nicht an den Aufstieg. (Oder steigen, vollkommen entmutigt, gleich wieder in den Zug zurück nach Paris.) Wenn Sie sich aber die Zeit nehmen zu trainieren, die nötige Ausrüstung besorgen und die möglichen Routen eingehend studieren, dann wird sich Ihnen der Berg langsam öffnen, und die Herausforderung wird bewältigbar. Kurz gesagt: Es ist alles eine Frage des Timings … und der Akzeptanz der eigenen Grenzen.

Zurück zu unserer Kur. Wir beginnen mit … dem Ablegen von Schuldgefühlen! Sie müssen sich nicht schuldig fühlen, weil Sie zu gestresst, nicht cool genug oder vielleicht sogar eine »Rabenmutter« sind. (Sie wissen ja, dass es diesen Begriff in anderen Sprachen überhaupt nicht gibt!) Sie sind im Augenblick »nicht verwirklicht« und bewegen sich auf einen anderen Zustand zu. Das ist der Normalfall. Wenn ich irgendwo Vorträge halte, höre ich oft: »Ach nee, Meditation, das ist wirklich nichts für mich. Dazu stehe ich viel zu sehr unter Dampf, dazu fehlt mir die Zeit.« Aber genau darum geht es doch! Meditation ist keineswegs nur Menschen vorbehalten, die ruhig und gesetzt sind, ganz im Gegenteil. Dasselbe gilt für die Praxis der Stille: Sie lehrt uns, *in* unserer angeblichen Unvollkommenheit zu sitzen und *mit* ihr, um sie ganz annehmen zu können.

Natürlich können Sie Ihre Kur der Stille auch mit dem Gefühl antreten, sich nicht ausreichend um die Kinder, Ihre Angehörigen, die Arbeit, Ihre alten Eltern oder den Hunger in Afrika zu kümmern. Oder voll Bedauern, dass Sie zu sensibel sind, zu sehr bemüht, das Gesicht nicht zu verlieren, dass Sie nicht cool genug sind, nicht zuversichtlich genug und was weiß ich noch alles. Dieses Gefühl, nicht zu genügen, sich schuldig gemacht zu haben, kann durchaus die Emotion sein, die Sie bei ebendiesem Stille-Retreat überwinden werden. Es ist gut möglich (ja sogar wahrscheinlich), dass es ganz von selbst verschwindet, dass es erlischt wie ein Feuer, wenn kein Holz mehr da ist.

Gute Ernährung

Doch wir wollen uns nichts vormachen. Aus der Hektik in die totale Stille einzutauchen ist ein gewagtes Unterfangen. Dieser unvermittelte Wechsel kann brutal sein, er kann Sie aus der Bahn werfen. Daher brauchen Sie unbedingt ein paar himmlische (genauer gesagt, sehr irdische) Dinge zum Essen. Das hält Sie in der Spur.

Ein paar Köstlichkeiten zur Belohnung

Wenn Sie Ihre Stille-Kur nicht mit Fasten aufpeppen (und es mal so richtig krachen lassen!) wollen, sind für jeden Kurtag mehrere Mahlzeiten vorgesehen. Ich empfehle Ihnen, die Zutaten persönlich auszuwählen und daraus ein Fest der Sinne zu machen. Besorgen Sie vorher alles in Bio-Qualität. Erschnuppern Sie die Frische der Lebensmittel, sehen Sie sich satt an den Farben … Wählen Sie Ihre Leckereien sorgfältig aus, natürlich um ihrer ernährungsphysiologischen Vorzüge willen, aber vor allem wegen des Geschmacks!

In die Stille einzutauchen und den Rhythmus zu verlangsamen ist eine schwierige Praxis, bei der der Lustgewinn sich häufig erst später einstellt. Die Mahlzeiten können daher als Belohnung dienen – vollkommener Genuss zwischen zwei Scheiben Askese. So ergibt sich ein harmonischer Wechsel zwischen Anstrengung und Befriedigung.

Der Genuss der Mahlzeiten ist wahrhaft das Symbol einer gelungenen Kur. Denn wenn Ihr Programm zu anstrengend ist, zeigen sich schnell die Wolken der Entmutigung am Horizont. Der Psychologe (mit dem unaussprechlichen Namen) Mihaly Csikszentmihalyi beschreibt dies sehr anschaulich in seinem Buch *Lebe gut! Wie Sie das Beste aus Ihrem Leben machen.* Csikszentmihalyi und seine Mitarbeiter haben in einer umfassenden Querschnittstudie an Probanden aus verschiedenen Kulturen und Generationen das Geheimnis des Glücks entdeckt. Ich kann Ihnen dieses Buch daher nur wärmstens ans Herz legen. In wenigen Worten zusammengefasst geht es darum, dass wir in unserem Leben Ziele haben, Wünsche, die uns Freude machen und – das ist das eigentliche Geheimnis – uns etwas abverlangen. In *Lebe gut!* erklärt der Forscher, wie man es anstellt, möglichst ständig zwischen Anstrengung und Vergnügen hin- und herzupendeln. Und genau das soll unsere Kur der Stille auch bewirken. Dafür können Sie in Ihrem Programm beispielsweise zwanzig Minuten der Stille einplanen, in denen Sie absolut gar nichts tun, sich nach Möglichkeit sogar langweilen. Und dann als Belohnung eine göttliche Mahlzeit. (Das genaue Programm der Stille-Kur finden Sie ab Seite 158.)

Inspirierende Bücher als geistige Nahrung

Auch hier haben Sie die freie Wahl. Sie können natürlich auch den Wälzer *Über die neuen Instrumente der Kommunikation* lesen, den Ihr Chef Ihnen empfohlen hat. Oder Sie legen auf dem Wohnzimmertisch ein paar inspirierende Bücher aus den unterschiedlichsten Themenbereichen bereit, damit Sie ein wenig Abwechslung haben.

Nach einigen Stunden der Stille ist unser Geist bereit für Neues, für einen Perspektivwechsel. Genau der richtige Augenblick, um ihm etwas zu tun zu geben: Bücher über den Sinn des Lebens, über die menschliche Seele, etwas Psychologisches vielleicht oder Reisebücher. Die Dichtkunst nicht zu vergessen. Es liegt ganz bei Ihnen …

Am Ende des Buches finden Sie diesbezüglich ein paar Tipps!

Sich Grenzen setzen und das Umfeld einweihen

In einigen Klöstern gibt es eine Technik: Der Praktizierende, der in die Große Stille eintauchen möchte, befestigt an seinem Gewand ein Schildchen: »Im Stille-Retreat«. Daher wird der Praktizierende nicht angesprochen, während er sein Retreat macht. Das ließe sich doch auch in der Familie durchführen, egal ob Sie nun ein paar Tage oder nur Stunden in Stille verbringen wollen?

Bevor Sie Ihren Entschluss aller Welt verkünden, sollten Sie sich Ihrer Sache sicher sein. Setzen Sie klare Grenzen, erklären Sie, was Sie vorhaben, und legen Sie Ihrem Umfeld dar, was Sie sich von diesem Unterfangen erhoffen. Denn Sie werden damit sicherlich auch auf Kritik stoßen oder bespöttelt werden. Mein Rat: Bleiben Sie standhaft, und lassen Sie alle Stürme an sich abperlen.

Dabei sollten Sie eines nicht vergessen: Sie müssen niemanden überzeugen! Das kann die Situation beträchtlich entschärfen. Die anderen sind vielleicht nicht einverstanden oder verstehen Sie nicht. Das ist nicht weiter schlimm. Das Entscheidende ist, dass Sie Ihren Weg gehen, sanft, aber entschlossen.

Digitale Abstinenz, geplantes Abtauchen

Nun kommen wir zu einem der wichtigsten Punkte: der digitalen Abstinenz. Um aus Ihrer Zeit der Stille wahrhaft Nutzen zu ziehen, müssen Sie all Ihre üblichen Kommunikationskanäle schließen, also auf Smartphone, Computer, Telefon, Tablet und so weiter verzichten.

Drücken Sie den Ausschaltknopf, und Sie werden schnell spüren, wie sich Ihre Beziehung zur Umwelt verändert. Seit Jahren haben wir uns angewöhnt, übers Web ständig mit allen in Kontakt zu sein. Das ist beruhigend, fühlt man sich doch weniger allein. Man hat Zeugen für seine Existenz, man ist eingesponnen in ein Netz menschlicher Kommunikation. Ich kenne Menschen, die es als ihren Lebenssinn betrachten, jeden Tag ihren Kommentar zum Weltgeschehen in den sozialen Medien abzugeben. Ich möchte auch die neuen Technologien und das digitale Netz keineswegs pauschal abtun. Aber für die Kur der Stille ist Einsamkeit ganz wesentlich. Sie erst erlaubt uns, wirklich zur Ruhe zu kommen und eine neue Art zu entdecken, mit uns selbst zu sein.

Um Ihre Kur zum Erfolg zu führen, müssen Sie sich komplett von der Umwelt abnabeln. Schalten Sie Handy und Computer aus und genießen Sie – nach den ersten verstörenden Momenten – Ihre wiedergefundene Freiheit!

Wie das funktioniert? Zuerst geben Sie Ihren freiwilligen Rückzug auf Twitter (immerhin!) bekannt, dann deponieren Sie all Ihre digitalen Gerätschaften außer Sichtweite. Setzen Sie sich, atmen Sie durch und öffnen Sie die Augen für diesen Moment. Oder treten Sie ans Fenster, um kurz und in aller Ruhe nachzusehen, was draußen vor sich geht. Wenn wir unsere Kommunikationskanäle zur Umwelt kappen, können wir uns ganz auf den Augenblick konzentrieren, auf den Ort, an dem wir sind, in diesem ganz speziellen Moment! Das allein wirkt schon entspannend.

Denn die sozialen Medien und all die anderen Kommunikationskanäle halten uns in permanenter Anspannung. Die Inszenierung unseres Lebens auf den verschiedenen Kanälen hindert uns daran, den Augenblick in seiner Fülle zu leben. Viele Menschen sind der Zeit, in der sie leben, immer einen Schritt voraus: Sie sitzen neben uns, aber in Gedanken sind sie längst bei der Frage, wie sie diesen Augenblick in den sozialen Netzwerken kommunizieren werden (Foto, Text, Tweet et cetera). Eine Hyper-Informationsgesellschaft, in der die Ruhe und das schlichte Sein an Bedeutung eingebüßt haben.

Drücken wir aber die Off-Taste, um unseren digitalen Spielereien den Saft abzudrehen, dann entspinnt sich nach den ersten Momenten der Leere eine neue Beziehung zur Welt, die uns ein tiefes Wohlbefinden schenkt. Und all das beginnt schon … am Vorabend des ersten Stille-Tages!

Geplantes Abtauchen

Der Vorabend des großen Tages ist angebrochen! Um sich ganz aus der virtuellen Welt verabschieden zu können, sollten Sie einige Dinge beachten. Vor allem sollten Sie Ihr Umfeld davon in Kenntnis setzen:

- Hinterlassen Sie eine entsprechende Botschaft auf dem Anrufbeantworter.
- Richten Sie in Ihrem Mail-Account eine automatische Benachrichtigung ein.
- Rufen Sie Ihre Freunde und Angehörigen an, um sie schon vorab zu beruhigen.

Damit schlagen Sie gleich mehrere Fliegen mit einer Klappe. Zum einen haben Sie den Kopf frei, um sich ganz auf Ihre Aufgabe konzentrieren zu können. Zum anderen unterstreichen Sie auch für sich noch einmal die Verpflichtung zur Stille. Denn wenn Sie alle Welt eingeweiht haben, wird es schwieriger, das Ganze mittendrin wieder abzublasen. Einer meiner Freunde hat sich so das Rauchen abgewöhnt. Er hatte überall herumerzählt, dass er dem Nikotin für immer Ade sagen würde, sodass er in den Augen all seiner Freunde als Lügner oder Versager dagestanden wäre, hätte er es nicht durchgezogen. Indem Sie Hinz und Kunz von Ihrem Vorhaben, sich nun für eine gewisse Zeit auf eine Kur der Stille zu begeben, in Kenntnis setzen, nehmen Sie eine Verpflichtung an, die sich nicht nur auf die Sache selbst, sondern auch auf die Dauer bezieht … und Sie haben ein paar Tage lang Ihre Ruhe!

Doch es gibt noch einen anderen positiven Nebeneffekt: Indem Sie Ihr Projekt bekannt machen, erregen Sie die Neugier Ihrer Freunde. Vielleicht gibt es ja sogar den ein oder anderen Nachahmer. Man wird Sie fragen, wie es gelaufen ist, und wenn Sie von Ihrer wunderbaren Zeit erzählen, tragen Sie dazu bei, diese großartige spirituelle Praxis weiterzuverbreiten. So verbindet man das Angenehme mit dem Nützlichen!

Der Ablauf

Ob Ihre Kur nun einen oder zwei Tage dauert oder vielleicht nur ein paar Stunden – im Folgenden finden Sie ein paar Anregungen, wie Sie aus dieser Zeit für sich den optimalen Nutzen ziehen. Es geht jedoch nicht darum, all dies in Ihr Stille-Retreat zu stopfen, denn mit so einem Intensivprogramm nehmen Sie die Hektik und den Stress Ihres Alltagslebens nur mit in die Stille.

Letztendlich brauchen Sie nämlich gar kein Programm für Ihre Stille-Kur. Ein wenig Struktur aber erleichtert die Sache. Wenn Sie schon ein bisschen Erfahrung gesammelt haben, nach der zehnten Kur zum Beispiel (ja, ja, mit der Zeit findet man durchaus Geschmack daran!), können Sie einfach ohne Programm starten und munter loslegen. Doch bis Sie diesen beneidenswerten Zustand erreicht haben, hätte ich im Folgenden ein paar Tipps, wie Sie den Raum der Stille, der Entschleunigung, nutzen können, um einige grundlegende Erfahrungen zu machen.

Sich langweilen oder die Kunst, aus dem Fenster zu sehen

Während eines Retreats in Indien wurde ich tatsächlich eine ganze Woche lang eingesperrt. Aber keine Sorge, ich habe mich freiwillig hinter Gitter begeben. Es handelte sich um ein traditionelles Reinigungsritual aus der ayurvedischen Medizin, das man Shirodhara nennt. Dabei wird der Patient am ganzen Körper, vor allem aber auf der Stirn, mit warmen Ölgüssen behandelt. Ein feiner Ölfaden läuft auf die Stirn und wird von links nach rechts bzw. von rechts nach links geführt. Die Behandlung dauert lange, wobei im Inneren des Körpers quasi als Reaktion eine fast hypnotische Oszillationsbewegung entsteht. Das Ganze dient dazu, die Körperzellen gleichsam neu zu initialisieren. Mich hat die Behandlung, deren Wurzeln weit in die Zeit zurückreichen, ganz erstaunlich an das EMDR (Eye movement desensitization and reprocessing), eine Technik der Traumatherapie über die Augen, erinnert. Beim Shirodhara aber wird der Patient behandelt, als wäre er ein Neugeborenes. Daher muss er in seinem Zimmer bleiben, auch um Infektionen zu vermeiden.

Im Zimmer setzt dann eine andere Erfahrung ein … Ich saß an meinem Fenster und beobachtete das Treiben der Ziegen, Kühe und Vögel, aber wenn gar nichts passierte, fing ich an zu lamentieren. Denn die meiste Zeit gab es schlicht nichts zu sehen außer ein paar Bäumen am Horizont. Ich hatte nicht mal eine Uhr, die mir das Vergehen der Zeit angezeigt hätte. Nichts. Nichts außer einem unbequemen Stuhl, einem Bett, einem fast leeren Kleiderschrank und meinen quälenden Gedanken. Während dieses vierwöchigen Aufenthaltes aber geschah einiges. Unglaubliche Begegnungen mit hinduistischen Ritualen, wunderbaren Orten und beeindruckenden Persönlichkeiten. Genug aufregende Erlebnisse also, um die langen Winterabende mit Erzählungen zu füllen. Aber was sich meinem Gedächtnis am tiefsten eingebrannt hat, sind die langsamen und vergleichsweise banalen Dinge, die sich während meiner Klausur vor meinem Fenster abgespielt haben. Dabei habe ich am meisten gelernt. Ohne auch nur irgendetwas zu tun, ohne Freundin, mit der ich mich hätte austauschen können, fand ich mich zum ersten Mal in meinem Leben in der Großen Leere wieder. In diesem Augenblick erschienen mir viele scheinbar so wichtige Dinge geradezu lächerlich. Das Leben nahm einen ganz anderen Geschmack an. In dieser einen Woche durchlebte ich nacheinander Wut, Niedergeschlagenheit, Freude und schließlich absolute Ruhe. All das aufgrund der vollkommenen Stille: Stille der Worte, der Augen, der Gesten und … der Gedanken.

Zu Hause können Sie, mit einer Uhr ausgerüstet, mit dreißig oder sechzig Minuten beginnen, in denen Sie einfach am Fenster sitzen und loslassen. Und erlauben Sie mir, Ihnen aus ganzem Herzen eine abgrundtiefe Langeweile zu wünschen!

Die Mahlzeiten in Stille einnehmen

Wie wunderbar es doch ist, in aller Stille zu essen! Im Kloster machen wir das jeden Tag. Was für ein Unterschied zu dem üblichen Frühstück to go, bei dem man am Bahnhof einen Kaffee in sich hineinschüttet und im Gehen ein Hörnchen verschlingt! Das Essen in Stille aber beschert uns allerlei Gaben!

Da wäre zunächst einmal – und vor allem anderen – das Bewusstsein, wie viel Glück wir haben, dass wir unter sieben Milliarden Menschen etwas zu essen haben. Die spirituellen Meister vieler Traditionen empfehlen, dass wir uns, ehe wir eine Mahlzeit einnehmen, einen Augenblick Zeit nehmen, um dankbar all der Umstände zu gedenken, die dies ermöglicht haben. Über jede religiöse Bedeutung hinaus scheint mir dies eine gute Möglichkeit, sich auf die kommende Mahlzeit einzustimmen. Als meine Neffen noch klein waren, falteten wir vor dem Essen die Hände und sprachen diesen kleinen Satz: »Danke an alle und alles, die zu dieser guten Mahlzeit beigetragen haben.« Damit beugte ich zum einen angewiderten Grimassen vor, wenn meine kindlichen Tafelgäste etwas anderes als Pommes frites auf den Tellern vorfanden. Zum anderen aber schuf dies ein Bewusstsein dafür, dass unser Essen nicht von selbst auf den Teller kommt. Manchmal haben wir auch schweigend gegessen – von ein paar Lachsalven mal abgesehen. (Aber das war nur sehr selten der Fall. Für die Eltern, die mit ihren Kindern ja den Alltag leben, ist es sicher einfacher, diese Übung zu etablieren.)

Natürlich ermöglicht uns das schweigende Verzehren unserer Mahlzeiten auch, jedes Gericht vollauf zu genießen, seine vielfältigen geschmacklichen Facetten zu erkunden und … gründlich zu kauen. Achtsam zu essen und jeden Bissen vollständig zu kauen, das erleichtert die Verdauung, und auch die Atmung fällt leichter. Und wir haben ausreichend Zeit, uns an unseren Kochkünsten zu erfreuen!

Wenn wir unsere Mahlzeit in Stille einnehmen, tut dies allen inneren Organen gut. Ist der Bauch entspannt, funktioniert er besser. Was gibt es Schöneres zur Entspannung als ein bisschen Ruhe und freie Zeit? Einige spirituelle Traditionen gehen sogar davon aus, dass der Mensch, wenn er die vollständige Verwirklichung erreicht, die feinstofflichen Kräfte aus der Natur aufnehmen kann, die unsere Gesundheit und unsere Lebenskraft stärken.

Ausgehen – mal anders

Sich als Tourist durch die eigene Stadt zu bewegen lässt uns unseren Wohnort ganz neu wahrnehmen. Wir wechseln die Perspektive. Ich hatte häufig Gelegenheit, meine Stadt mit anderen Augen zu sehen. Da genügt es schon, mich auf meinen üblichen Wegen gründlich umzusehen oder mal mit dem Boot unterwegs zu sein. Eine Kur der Stille erfordert ja nicht, dass Sie sich zu Hause einschließen. Allerdings sollten Sie darauf achten, Ihre Spaziergänge in voller Achtsamkeit zu unternehmen und langsamer, viel langsamer als sonst, unterwegs zu sein.

In Kapitel 3 habe ich Ihnen einige Übungen für die Augen vorgestellt, die sich ausgezeichnet für die Stille-Kur eignen. Auf diese Weise laufen die beiden Energie-Ebenen nebeneinander her, innen und außen, im Haus und außerhalb, in einem Wechsel, der dem Alltagsleben am nächsten kommt. Doch natürlich sollen Sie – Sie haben es vermutlich schon erraten – Ihre Zeit nicht nur draußen verbringen. Gönnen Sie sich die ein oder andere Eskapade, eine kleine Forschungsreise, mit der Sie Ihre innere Stille füllen können. Draußen achten Sie darauf, langsam zu gehen, häufig stehen zu bleiben, den Himmel zu betrachten, die Bäume oder die Tauben … und sich das ungewohnte Vergnügen zu gönnen, Zeit zu haben, während alle anderen rennen!

Notizen machen … für später

Während dieser Stunden oder Tage werden Ihnen tausend Ideen und Eindrücke durch den Kopf gehen. Momente der Bewusstwerdung, Fragen, Wünsche, Erkenntnisse. Es wäre durchaus sinnvoll, einiges davon aufzuschreiben. Anfangs werden dies vor allem unangenehme Empfindungen sein. Nehmen Sie sich die Zeit, alles ungefiltert hinzuschreiben, ohne auf Stil oder Logik zu achten. Einfach nur, um die Dinge zu Papier zu bringen und sich so davon zu befreien. Versuchen Sie es ruhig: Allein die Tatsache, ein Notizbuch zur Hand zu haben, wirkt wie eine Art Überlaufventil. Die negativen Vorstellungen sind dort gut aufgehoben, weit weg von Ihrem Bewusstsein, und schon haben Sie den Kopf frei.

Später dient Ihnen das Heft vielleicht dazu, Dinge zu notieren, die Sie in Ihrem Leben verwirklicht sehen möchten. Auch hier gilt: Schon das Aufschreiben ist ein Akt der Kenntnisnahme, damit handelt es sich schon nicht mehr um ein bloßes »Hirngespinst«, sondern um den ersten Schritt zur Verwirklichung!

Nach Ihrer Kur werden Sie in Ihrem Notizbuch all Ihre Emotionen, Empfindungen und Freuden wiederfinden, die Sie in dieser Zeit erlebt haben. Also lesen Sie ruhig öfter darin. Es funktioniert wie ein Anker, der Sie auch im Alltag mit Ihren positiven Impulsen verbindet. Eine echte Ressource. Ihr Notizbuch ist das Symbol all dessen, worauf Sie zurückgreifen können, um Ihr wahres Leben zu verwirklichen. Und Ausgangspunkt für alle weiteren Seiten, die Sie mit Ihren Reflexionen und Entwicklungen füllen werden.

Und danach …

Meditieren Sie, singen, tanzen, lachen und kochen Sie (siehe Kapitel 5, Seite 145f.) … und tun Sie überhaupt alles, was Sie in den vorangehenden Kapiteln gelesen haben.

Eine schöne Kur wünsche ich!

Kapitel 7

Stille in unseren Taten – für eine ethische Spiritualität

Die Erde: Eine geduldige Mutter

Indianer zu sein heißt, sich mit dem Morgenstern zu erheben
Zu der Stunde, da uns das große Geheimnis
Zeit lässt zu beten,
zu der Stunde, zu der noch alle Vögel schweigen,
zu der Stunde, in der unsere Mutter, die Erde, schläft.

Diese wundervolle Erklärung habe ich auf der Webseite des INA (Institut National de l'audiovisuel) gefunden.[7] Sie stammt von Russell Means, einem Angehörigen der Sioux-Oglala-Indianer. Der etwa fünfzigjährige Russell berichtet über die

7 http://www.ina.fr/video/I17025083/interview-de-russell-means-un-siou-oglala-video.html

Schwierigkeiten, mit denen sich Indianer in den westlichen Gesellschaften konfrontiert sehen, wenn sie ihre Spiritualität leben wollen. Das Interview wurde anlässlich einer 1976 gedrehten Reportage gemacht. Heute, da die Indianer im Norden der USA dafür kämpfen müssen, dass ihr heiligstes Land nicht von Ölbohrern verwüstet wird, hat man es erneut publiziert. Für mich trifft diese Botschaft unmittelbar den Kern. Mehr gibt es dazu nicht zu sagen. Was bitte soll wichtiger sein, als sich jeden Morgen bei Sonnenaufgang zu erheben und mit beiden Beinen auf der Erde zu stehen?

Unglücklicherweise scheint es Menschen zu geben, die das anders sehen: Sie kaufen und kaufen, betonieren die Felder, errichten Fabriken, domestizieren die Natur … Wenn ich diese Stimme eines Indianers höre, fühle ich mich nicht mehr so allein, denn auch mich macht es traurig, wie sich unsere moderne Gesellschaft entwickelt hat. Traurig, aber andererseits auch optimistisch. Denn tatsächlich scheint diese Tendenz sich umzukehren. Auf der ganzen Welt entstehen immer mehr Initiativen mit dem Ziel, die Natur zu erhalten und zu pflegen, unser Leben zu vereinfachen und zu entschleunigen.

Häufig stelle ich mir die Erde wie eine Mutter vor, die mit zärtlichem Blick das Chaos beobachtet, das ihre Kinder in allen vier Himmelsrichtungen anrichten. Sie hetzen durchs Leben, führen Krieg gegeneinander, reißen die Erde auf, fangen Fische und leiten ihre Abwässer in die Meere. Dabei ist die Kinderschar mittlerweile so zahlreich, dass die Mama gar nicht mehr weiß, wo sie zuerst hinschauen soll! Wenn ihr das ganze Tohuwabohu zu viel wird, dann gibt es hier einen Tsunami, da ein Erdbeben, dort einen Vulkanausbruch: Mama fegt den Schulhof mit eisernem Besen, bevor die lieben Kleinen wieder spielen dürfen. Wenn man sich ansieht, was wir – die Menschen, meine ich – auf der Erde so anstellen, kommt mir das vor wie ein riesiger Kindergarten. Alles schreit herum und lernt nur aus den eigenen Fehlern. Eines aber ist an dieser Methode ganz praktisch: Wenn einer hinfällt, kann er den anderen erklären, wie man sich auf den Beinen hält. Manche hören zu, andere nicht. Manchmal muss man alles noch mal von vorn erklären, langsam und in aller Ruhe. Der Weg ist lang und die Erde geduldig.

Daher möchte ich Ihnen an dieser Stelle einen Vorschlag machen: Was wäre, wenn wir endlich erwachsen werden würden? Wenn wir den Kindergarten und den Schulhof hinter uns ließen, um endlich an die Universität zu gehen? Schließen Sie sich uns an. Sie werden sehen, das wird ein Spaß. Sie werden viele neue Dinge lernen, eine ganze neue Welt gründen, und außerdem … ist Mama dann auch wieder glücklich.

Die Rückkehr zur Einfachheit

Wenn alles so gelaufen ist, wie es sollte, haben Sie bis zu diesem Punkt Ihrer Lektüre schon einige Fortschritte gemacht. (Wenn nicht, dann aber hopp an die Arbeit!) Vor allem, was den Punkt aus Kapitel 1 betrifft: den »Mangel akzeptieren«, dieses Gefühl, dass uns etwas fehlt. Sobald es sich einstellt, katapultiert es uns aus unserer inneren Mitte hinaus. Dann schalten wir den Fernseher an oder shoppen bis zur Besinnungslosigkeit, weil wir unsere Angst vergessen wollen. Gerade solche Einkaufsaktionen erscheinen bisweilen als völlig vernünftig und notwendig, aber überlegen Sie mal ernsthaft: Haben Sie das neue Smartphone wirklich gebraucht?

Wenn wir Schritt für Schritt lernen, das Gefühl des Mangels zu zähmen, können wir uns von dem unbändigen Drang befreien, es ständig befriedigen zu müssen. Damit aber bewahren wir gleichzeitig die Erde vor künftigen Müllbergen. So einfach ist das. Oder wie kürzlich Meister Wang-Genh (der Abt des Zen-Klosters Ryumonji) sagte: »Wenn die Menschen sich zur Meditation hinsetzen, werden sie Engel. Und tun der Erde unendlich viel Gutes …« Besser kann man es nicht ausdrücken. Daher haben wir auch an der UN-Klimakonferenz teilgenommen und zu »24 Stunden der Meditation für die Erde« eingeladen.

Aber Meditation ist nicht der einzige Weg zur Befreiung. Manchmal genügt es schon, sich bewusst zu machen, wie viel Zeit man damit zubringt, irgendwelche Dinge zu kaufen, wie viel Energie es kostet, modisch stets up to date zu sein, wie viel CO_2 ausgestoßen wird, nur weil wir unser Gemüse vom anderen Ende der Welt beziehen – dieses Bewusstmachen allein kann uns dazu bewegen, auf derlei Dinge zu verzichten. Was mich angeht, so habe ich, als sich meine innere Unruhe allmählich legte, für mich ein paar Prinzipien aufgestellt, nach denen ich mein Konsumverhalten regle. Da wir nun fast am Ende dieses Buches angekommen sind, möchte ich sie Ihnen vorstellen. Bitte verstehen Sie das Ganze als Einladung. Vergessen Sie nicht: Es sind nur Beispiele. Wenn Sie sich in einzelnen Punkten anders entscheiden, so ist das kein Grund, ein schlechtes Gewissen zu haben. Mir geht es nicht darum, allgemeingültige Regeln aufzustellen. Jeder muss schließlich selbst sehen, was sich in seinem Leben auf kurze oder lange Sicht verwirklichen lässt.

Ethisch einkaufen

Vor einigen Jahren habe ich einen Spruch des vietnamesischen Zen-Meisters Thich Nhat Hanh gelesen: »Wenn Sie Dinge konsumieren, die durch Leid geschaffen wurden, legen Sie in sich den Samen für neues Leid.« Wie aktuell diese Lehre ist, wurde mir klar, als im April 2013 in Bangladesh ein achtstöckiges Fabrikgebäude einstürzte. Es gab beinahe 1200 Tote, vor allem Frauen, die dort unter unmenschlichen Bedingungen für westliche Textilfirmen arbeiteten. Die Katastrophe von Rana Plaza: Etliche Leben wurden geopfert, damit wir uns am anderen Ende der Welt in Schale werfen können. Ein trauriger Aspekt der wechselseitigen Vernetztheit.

Seitdem achte ich genauestens darauf, wo die Produkte herkommen, die ich kaufe. Denn wie kann ich noch eine (weltberühmte) Schokolade genießen, wenn ich weiß, dass sie von afrikanischen Kindern hergestellt wird? Ich nenne hier keine Namen. Sie können das sehr schnell im Internet selbst herausfinden. Und Sie werden erstaunt sein, wie viele bekannte Marken daran beteiligt sind.

Heute ist es fast unmöglich, Kleidung zu kaufen, die nicht in China oder in Indien gefertigt wurde! Mich verfolgt immer noch das Bild einer jungen Frau, die sich über ihre Nähmaschine beugt, der Rücken schon in jungen Jahren krumm von der Arbeit. Das Mädchen hat sich seinen Geburtsort schließlich nicht ausgesucht, und sein Leben spielt sich in den vier Wänden einer Näherei ab. Das ist moderne Sklaverei. Glücklicherweise gibt es Methoden, darauf zu reagieren. Die bekannten Marken können mit Boykott bedroht werden. So lässt sich der Druck erhöhen, für die Angestellten bessere Arbeitsbedingungen zu schaffen. Wenn die Aktionäre der Großunternehmen nur auf 0,000001 Prozent ihrer Dividende verzichteten, hätte das junge Mädchen genügend Zeit, mit ihrem Liebsten auch mal spazieren zu gehen.

Natürlich können wir auch darauf warten, dass die Welt sich von selbst ändert oder dass die Reichen etwas von ihrem Reichtum abgeben (oder dass das Wasser bergauf fließt). Doch ein Bewusstsein für diese Problematik, das durch Petitionen, Boykotte und vor allem durch unser Konsumverhalten geschaffen wird, tut – solange es unseren Geist nicht in Aufruhr versetzt – allen gut. Es liegt ganz an Ihnen …

Glückliche Genügsamkeit – eine Hommage an Pierre Rabhi

Eines allerdings muss ich zugeben: Ethisch einkaufen macht das Leben zunächst komplizierter. Anfangs habe ich Ersatz gesucht: fair gehandelte Kleidung, Sachen, die in meinem Heimatland hergestellt wurden, und so weiter. Das war ziemlich viel Aufwand, denn die Etiketten sagen ja meist nicht, wo ein Stück wirklich entstanden ist. Seitdem die Hersteller wissen, worauf ihre Kunden achten, geben sie ohnehin nur noch das Land an, in dem die Endfertigung stattfand, das letzte Glied der Fabrikationskette also. Da drängt sich eine andere Möglichkeit von selbst auf: das Nicht-Handeln. Das, was Pierre Rabhi in seinem Buch die »glückliche Genügsamkeit« nennt.[8] Seitdem kaufe ich viel, viel weniger … und gratuliere mir Tag für Tag zu meinen revolutionären Nicht-Käufen!

Aber auch Rom wurde nicht an einem Tag erbaut. Es hat Jahre gedauert, bis ich mich für den Weg des freiwilligen Konsumverzichts entschieden habe. Anfangs habe ich, wie die meisten Menschen, wirklich viel gekauft. Als ich noch Jurastudentin war, hatte ich das Glück, ein Stipendium zu erhalten. Außerdem arbeitete ich als Babysitter. Und beim kleinsten Blues in der Seele – was in dem Alter recht häufig ist – stromerte ich durchs Stadtzentrum, um mir etwas zum Anziehen zu kaufen, oder vielleicht ein Eis, Bücher, CDs, alles, was mich tröstete. Das verschaffte mir kurzfristig Erleichterung, doch dann stellte sich bald wieder die innere Leere ein, die ihr Echo in der Leere meines Geldbeutels fand! Damals wusste ich noch nicht, dass der Abgrund des Mangels keinen Boden hat, und dass nur ein radikaler Perspektivwechsel, eine Versöhnung mit mir selbst und der Situation, mir wirklich Frieden schenken konnte.

Heute sind meine Gefühle nicht mehr so intensiv, weil ich sie regelmäßig beobachte und registriere. Ich gehe nur sehr selten ins Kaufhaus, denke nicht dauernd darüber nach, was

8 Pierre Rabhi, *Glückliche Genügsamkeit*, Berlin 2015.

ich mir kaufen könnte, und stelle mir auch nicht vor, wie es wäre, dieses oder jenes Stück zu besitzen. Lieber verbringe ich meine Zeit im Wald oder mit Freunden als im Einkaufszentrum.

Doch die »glückliche Genügsamkeit« hat noch mehr zu bieten. Sie führt tatsächlich zu dauerhaftem Glück. Und sie schenkt uns eine innere Freude, die bleibt. Etwas, das ich »lustvolle Abstinenz« nennen möchte. Nicht zu konsumieren ist schön. Es tut gut. Es zaubert ein Lächeln aufs Gesicht und weist auch darüber hinaus eine ganze Reihe von Vorteilen auf. Zum Beispiel:

- Man hat viel mehr Zeit für andere Dinge: Freunde besuchen, ein gutes Buch lesen, Karaoke singen, im Regen flöten, einem Fluss beim Fließen zusehen, et cetera.
- Man spart und hat daher viel mehr Geld zur Verfügung für Dinge, die es wirklich wert sind: beispielsweise ein Seminar über gewaltfreie Kommunikation, Spenden an humanitäre oder Tierschutz-Projekte, Anlegen eines Notgroschens für mehr eigene Sicherheit … Für alles also, was Ihnen wirklich wichtig ist. (Gut, ich gebe zu: Auch das ist manchmal mit Konsum verbunden, aber er zeitigt ganz andere Auswirkungen.)
- Man wird Mitglied des Stammes der »wohlwollenden Revolutionäre«! Sich dem Konsum zu verweigern ist ein politischer Akt: Man entdeckt plötzlich, dass man durchaus Möglichkeiten hat, in der Welt etwas zu bewirken, verantwortlicher Akteur seines Lebens zu sein, sich so zu entscheiden, dass das eigene Tun zu einer besseren Zukunft

beiträgt. Und auch hier gilt: Ein solches Verhalten tut uns auch selbst gut!

Vegetarische Ernährung oder die Kunst, seine Freunde nicht aufzuessen

Der ethische Umgang mit Tieren ist ein Anliegen, das glücklicherweise immer mehr Befürworter gewinnt! Schreckliche Berichte über die täglichen Gräueltaten in den Schlachthöfen (durch die Mensch und Tier gleichermaßen Schaden nehmen) haben dazu beigetragen, aber sicherlich auch der Wunsch, die Erde vor Raubbau zu bewahren. Und damit sind wir bei einem meiner Lieblingsthemen angelangt. Doch obwohl mir dieser Abschnitt des Buches so sehr am Herzen liegt, ist es mir schwergefallen, ihn zu schreiben. Das Leiden der Tiere nimmt uns so mit, dass es uns sprachlos macht. Ich schwanke ständig zwischen Zorn (immer ein schlechter Ratgeber) und Verzweiflung (die genauso wenig hilft). Angesichts der täglichen Tierquälereien komme ich mir vor wie ein Kind, das gerade herausgefunden hat, dass es eine Atombombe gibt, und mit weit aufgerissenen Augen fragt: »Aber warum?« Beim Schreiben darüber das innere Gleichgewicht zu bewahren, um sensibel und voller Mitgefühl zu bleiben, ist nicht einfach. Daher habe ich beschlossen, die Schönheit jedes einzelnen Geschöpfs zum Ausgangspunkt meiner Überlegungen zu machen …

Eines Abends war ich bei einem Paar zum Essen eingeladen, das seit mehr als dreißig Jahren Buddhismus praktiziert. Es handelte sich um nette und hochgebildete Leute aus der besten Pariser Gesellschaft. Als ich beim Aperitif erwähnte, dass ich Veganerin bin, sagte der Mann zu mir: »O ja, das verstehe ich voll und ganz. Ich kann das Leiden der Tiere auch nicht ertragen!« Dreißig Minuten später kam Schweinebraten mit karamellisierter Kruste auf den Tisch, der den ganzen Nachmittag über gebacken hatte.

Die »nicht-menschlichen« Tiere

Um das zu verstehen, müssen wir in der Geschichte des Abendlands ein paar Schritte zurückgehen … Jahrhundertelang schien es dem Menschen nötig, seine Überlegenheit über die anderen Gattungen zu unterstreichen. Dazu hat die Theologie im Westen nicht wenig beigetragen, stellen doch die monotheistischen Religionen den Menschen in den Mittelpunkt der Schöpfung. Gott schuf den Menschen nach seinem Ebenbild und verlieh ihm bestimmte Eigenschaften, die ihn vor allen anderen auszeichneten. Dann überließ Gott dem Menschen seine Schöpfung, um sie zu bewahren, über sie zu wachen und ihre Harmonie zu sichern. Durchweg sehr weibliche Qualitäten also. Der Mensch aber eroberte ständig neues Terrain dazu, was offensichtlich dazu führte, dass er sich hochgradig verwundbar fühlte. Und so musste er seine Macht demonstrieren. Daher legte er die heiligen Schriften so aus, dass er sich das Recht über Leben und Tod der Schöpfung anmaßte. Mit den Konsequenzen, die wir heute nur zu gut kennen.

Doch inzwischen ist die natürliche Entwicklung des Menschen an einem Punkt angelangt, der von uns einen radikalen Perspektivwechsel verlangt.

Das beginnt schon mit der Wortwahl. Wie wir die Dinge benennen, sagt schließlich viel über unsere Beziehung zu ihnen aus. Und so haben die Forscher an den Universitäten angefangen, die Gattungen in »menschliche Tiere« und »nichtmenschliche Tiere« einzuteilen. Die gemeinsame Bezeichnung beider ist also: »Tiere«. Ich, die ich Stunden in Wald und Wiese verbringe, mit Ziegen, Katzen, Vögeln und Insekten, finde diese neue Einteilung hinreißend! Der Mensch, oder vielmehr das Menschentier, gewinnt dadurch nur. Stellen Sie sich nur vor: Wie ein Tier darf er nun seine sinnlichen Fähigkeiten ausbauen (Gehör, Sicht, Tastsinn et cetera). Wie ein Tier wird er das Glück entdecken, im Körper zu sein, statt nur den Kopf zu benutzen. Wie ein Tier kann er sich der Spontaneität des Augenblicks öffnen, seiner Unmittelbarkeit, geschützt vor seinen Instinkten durch eine solide gemeinschaftliche Ethik.

Aber vor diesem Hintergrund stellt sich natürlich eine entscheidende Frage: Ist es gerechtfertigt, seinesgleichen zu essen? Genauer gesagt: Rechtfertigen die fünf Minuten Genuss beim Verzehr eines Steaks das schreckliche Leid, das dem vorausging?

Die Weisheit der Indianer … und des Buddha

Auch hier sollten wir uns der indianischen Weisheit zuwenden, wenn wir wissen wollen, wie eine gesunde Beziehung zu Mutter Erde aussieht. Schließlich sind diese Völker der Natur immer noch sehr nahe. Wenn Indianer einen Baum fällen, versammelt sich zuvor der ganze Stamm für eine Abschiedszeremonie. Man dankt dem fühlenden Wesen, das sein Leben geben wird, und erzählt ihm durch Lieder und Balladen, was ihm gleich widerfahren wird. Man lässt ihm Wohltaten zuteilwerden und feiert sein Dasein. Diese Anerkennung spricht für eine hohe Entwicklung des Bewusstseins. Sie deutet auf eine Kenntnis des Prinzips der wechselseitigen Verwobenheit hin, die den Lauf der Welt kennzeichnet.

Auf der anderen Seite der Weltkugel erfahren wir durchaus ähnliche Dinge, wenn wir Erzählungen über die früheren Leben des Buddha lesen. Man nennt sie die »Jataka-Legenden«: märchenhafte Erzählungen, die die Existenzen des Buddha vor seinem Erwachen zum Inhalt haben. In einem dieser Leben schenkte der Buddha einer verhungernden Tigermutter ein Bein, damit sie wieder Kraft schöpfen und ihre Jungen nähren konnte. Was für ein Unterschied zu den Tigerjägern in Afrika, die vom Auto aus diese herrlichen Tiere erlegen, um das Foto dann auf Facebook zu posten!

Enthaltsamkeit als Weg der Gewaltfreiheit

Vegetarisch oder gar vegan zu leben ist eine Form der Gewaltfreiheit, die dem altindischen Ideal des *ahimsa* entspricht, das auch Mahatma Gandhi praktizierte. Wenn wir aufhören, Gewalt zu essen und sie durch unsere Einkäufe am Laufen zu halten, bringt dies viele Vorteile mit sich. Die Stille des Handelns offenbart mitunter unerwartete Vorzüge, die unseren Alltag verschönern.

Sie tun Ihren Zellen etwas Gutes

Wenn sie aus dem Schlachthof kommt, nach einer endlos langen Wartezeit, vielen Stunden des Transports, in denen sie Schmerz, Angst, Durst, Hunger, Kälte und Schläge erdulden musste, ist unsere hübsche kleine Kuh Marguerite ein Kadaver, entbeint und in einzelne Stücke zerteilt. Jedes dieser Tiere hat, wenn es auf unserem Teller landet (oder auch nicht), unendliches Leid erfahren. Wissenschaftliche Untersuchungen haben bewiesen, dass der Körper im Moment der Tötung ein Maximum an Stresshormonen ausstößt. Das Fleisch, das dann in den Verkauf gelangt, ob es nun vom Säugetier, vom Vogel oder vom Fisch stammt, steckt voller Stress. Es ist von den zahlreichen Hormonen förmlich vergiftet. Wenn wir es essen, nehmen wir dieses Gift in uns auf. Wie oft haben Sie sich nach einer solchen Mahlzeit schon schwer, unbeweglich, ja krank und ängstlich gefühlt?

Mit pflanzlichen Eiweißquellen wie Tofu, Seitan oder Hülsenfrüchten aber entdecken wir nicht nur neue Rezepte und

Geschmackserlebnisse, wir ersparen unseren Zellen auch den Ansturm der Giftstoffe! Gemüse lässt sich in farbenfrohe Gerichte verwandeln, die einem das Wasser im Mund zusammenlaufen lassen. Und das ganz ohne gesundheitliche Risiken! Ich ernähre mich seit mehr als zehn Jahren vegetarisch, vegan seit drei. Und meine Blutwerte zeigen, dass es mir an absolut nichts fehlt. Abgesehen von Vitamin D im Winter, aber diesen Mangel teile ich mit drei Vierteln aller Elsässer. Und wenn ich mitunter ein saures Aufstoßen verspüre, dann liegt das vermutlich an meiner Sucht nach … Kaffee. (Ich geb's ja zu!)

In Frieden und Verbundenheit leben: ein Kollateralgenuss!

Seit ich mich entschieden habe, vegan zu leben, bin ich im Einklang mit mir selbst. Ich habe das Gefühl, alles zu tun, was getan werden kann. Natürlich muss ich hin und wieder auf das berühmte Raclette verzichten, das ich zuvor jeden Winter genossen habe. Aber das ist ein kleines Opfer verglichen mit dem Wohlgefühl, das ich jeden Tag empfinde. Sie wissen ja: das Glück, das sich einstellt, wenn man ein Leben im Einklang mit seinen Werten führt.

Werte – das ist ein großes Thema bei den Menschen, die zur Hypnotherapie zu mir kommen. Denn wenn wir unser Leben umkrempeln, unser Verhalten und unsere Gewohnheiten verändern wollen, müssen wir uns zuerst darüber im Klaren sein, was für uns wichtig ist: also über die Dinge, ohne die unser Leben verfehlt wäre. Für die einen ist das ein Gefühl der Freiheit, der Sicherheit, die Möglichkeit, anderen zu helfen, reisen, eine Familie oder Spitzenleistungen im Sport. Wenn wir dies erreicht haben oder unser Leben zumindest in diese Richtung läuft, dann stellt sich die innere Stille ganz von selbst ein, ein »Kollateralgenuss« sozusagen.

Für mich ist Harmonie mit der Natur einer meiner grundlegendsten Werte. Ein gelungener Tag ist für mich einer, an dem ich dem Gesang der Vögel lauschen oder der aufgehenden Sonne zusehen konnte. (Dazu hatte ich kürzlich in Paris Gelegenheit, und es war einfach wunderbar!) Ich kann mir einfach nicht vorstellen, morgens aufzustehen und in mir das Leid der Tiere zu tragen. Wenn ich auf die Wiese nebenan gehe und meine Freunde, die Islandpferde, begrüße, dann begegnen sie mir absolut vertrauensvoll und schütteln freudig das Haupt. Ich glaube, sie spüren, dass ich die Raubtierhaltung des Fleischessers aufgegeben habe. Natürlich kann ich es nicht wissenschaftlich belegen, aber ich bin mir sicher, dass diese Lebensweise meine innere Programmierung verändert hat. Weniger Aggressivität, Stress, Anspannung … und viel mehr Gelassenheit, Lachen, Freude am Leben und Ehrfurcht angesichts der Schönheit dieser Welt!

Voll Zärtlichkeit beuge ich mich über Wasser und Wälder,
träumend, Großvater auch für Blumen und Vögel.
Tief erfüllt mich das Erbarmen für die Dinge,
und ich gebiete den Kindern Einhalt, die die Rosen malträtieren.
»Verschreckt sie nicht«, sage ich, »die Tiere und Pflanzen.
Lacht, ohne sie zu ängstigen! Spielt, ohne sie zu verwunden!«
Jeanne und Georges mit der reinen Stirn
und den weit aufgerissenen Augen!
Wie sie selbst erstrahlen inmitten all der voll erblühten Schätze.
Ich schlendere, ohne sie zu stören, durch die paradiesischen Plätze.

Ihrem Gesang lauschend träume ich vor mich hin und sage mir,
dass sie ja bei all ihrem Tollen nicht hören,
wie die Seiten sich wenden im Nu
im Buch der Geheimnisse unseres Schicksals,
denn sie sind weit weg von den Priestern und Jesus doch so nah.

Victor Hugo, *An die Felder*

Tipps und Tricks für alle, die weitermachen wollen

Ein paar Übungen, die Sie täglich machen können

Mein Rat: Um unsere inneren Abläufe zu verändern, müssen wir regelmäßig praktizieren. Am besten sind da tägliche Übungen, die Sie als kleines Ritual in Ihren Alltag einbauen können. (Vergessen Sie nicht die Regel der drei W und der vier D!)

Daher habe ich im Folgenden für Sie ein paar Übungen zusammengestellt, die sich für Ihr neues Leben in Stille eignen. Notieren Sie alles, was Ihnen auffällt, was Sie entdecken, während Sie üben … Und gehen Sie Ihre Notizen noch einmal durch, bevor Sie die Übung das nächste Mal absolvieren. (So machen Sie nicht nur schneller Fortschritte, Sie stärken auch Ihre Motivation!)

Übung 1:

Wenn Sie am Computer sitzen, richten Sie Ihren Blick auf einen Punkt, auf ein Icon oder eine andere markante Stelle auf dem Bildschirm. Lassen Sie Ihre Augen dort ruhen. Dann erweitern Sie Ihr Wahrnehmungsfeld auf den Körper. Und schließlich auf die Außenwelt … Atmen Sie dabei tief ein und aus! Legen Sie diese Seh-Pausen von etwa drei Minuten jede Stunde ein.

Übung 2:

Installieren Sie auf Ihrem Smartphone eine Applikation für einen »Gong« oder die »Achtsamkeits-Glocke« (Mindfulness Bell). In den entsprechenden Shops stehen Ihnen mehrere verschiedene Apps zur Verfügung, die Sie ganz nach Lust und Laune einstellen können: zum Beispiel jede Stunde. Wenn die Glocke erklingt, lassen Sie Ihren Unterkiefer locker und spüren Sie nach, was dies in Ihrem Körper bewirkt. (Siehe Seite 116, »Den Trottel spielen«). Jede Stunde zwei Minuten lang.

Übung 3:

Machen Sie sich jeden Morgen Ihren ersten Gedanken bewusst, gleich nachdem Sie aufgewacht sind und noch bevor Sie aus dem Bett hüpfen! Lassen Sie ihn vorübergehen, beobachten Sie ihn … und beginnen Sie Ihren Tag bewusst, denn damit haben Sie die Kontrolle über die Gedankenmaschinerie übernommen. Machen Sie die Übung jeden Morgen.

(Wenn Sie mehr über diese Übung wissen wollen, können Sie sich meine TEDx-Konferenz vom Januar 2016 auf YouTube ansehen: »Eyes wide open in the present moment«: www.youtube.com/watch?v=h0eq0u57FNM. Ich halte den Vortrag auf Französisch, aber er wurde mit englischen Untertiteln versehen.)

Übung 4:

Essen Sie ein- oder zweimal pro Woche ganz bewusst allein und in Stille. Eine strahlende Stille, für die Sie sich aktiv entschieden haben. Zum Beispiel in der Mittagspause. Nehmen Sie sich die Zeit, jeden Bissen gründlich zu kauen und das köstliche Gericht mit allen Sinnen zu genießen. Sie werden sehen: Die Zeit bleibt stehen, und ein gewaltiger stiller Raum tut sich auf, mitten in Ihrem Arbeitstag.

Und noch einige Empfehlungen …

Kapitel 1: Was ist das: Stille?

- Um sich zu akzeptieren, wie man ist, mit all seinen Unvollkommenheiten, empfehle ich: Pema Chödrön, *Meditieren – Freundschaft schließen mit sich selbst*, München 2013.
- Um Einblick in die Einfachheit und Schönheit eines einfachen Lebens zu bekommen, empfehle ich Videos mit Ma Anandamayi und den in den Sechzigerjahren gedrehten Film *Ashrams* von Arnaud Desjardins.
- Ich selbst habe vor einigen Jahren mit großem Gewinn gelesen: Marc de Smedt, *Lob der Stille*, Gütersloh 1980.

Kapitel 2: Die Meister der Stille

Über Tiere:

- Die Bücher von Pierre Jouventin kann ich Ihnen nur ans Herz legen. Mir gefiel besonders *Kamala, une louve dans ma famille*, Paris 2011.
- Auch die Arbeit von Laila del Monte über die intuitive Kommunikation mit Tieren hat mich tief beeindruckt. Siehe: www.lailadelmonte.com
- Ebenso hat der Wissenschaftler und Querdenker Rupert Sheldrake einiges zum Verständnis der Tiere beigetragen. Siehe: *Alles Leben ist eins*, Amerang 2012. Und: *Der siebte Sinn der Tiere*, Frankfurt a. M. 2012.

Wenn Sie ein spirituell inspiriertes Retreat machen wollen:

Seit Meditation in Mode ist, gibt es unzählige Retreat-Angebote. Doch ich würde Ihnen empfehlen, dass Sie sehr sorgfältig auswählen, was zu Ihnen passt. Buddhistische Klöster öffnen ihre Pforten gewöhnlich gerne für Praktizierende, auch wenn Sie einer anderen Religion angehören. Wenn dort buddhistische Rituale abgehalten werden, dann registrieren Sie diese in einer harmonischen Haltung der Akzeptanz des gegenwärtigen Augenblicks und beschränken sich auf die Wahrnehmung.

Adressen von Retreat-Orten erhalten Sie zum Beispiel bei der Deutschen Buddhistischen Union, Amalienstr. 71, 80799 München, wo buddhistische Zentren aller Richtungen vereint sind. Sie können auf der Website auch selbst nach Zentren suchen: www.buddhismus-deutschland.de

La Gendronnière ist ein Zen-Zentrum in der Nähe von Blois, inmitten eines wunderbaren Waldes gelegen. Auch dort werden viele Retreats angeboten, auch für Anfänger: www.zen-azi.org/de/node/1138 (in deutscher Sprache).

Mein Kloster heißt Ryumonji und liegt in Weiterswiller in der Nähe von Straßburg. Ich lebe dort seit gut fünfzehn Jahren und praktiziere unter der Anleitung von Zen-Meister Olivier Reigen Wang-Genh. Nähere Informationen (auch in deutscher Sprache) finden Sie auf der Website: www.meditation-zen.org

Kapitel 3: Die Stille der Augen

- Über die innere Sammlung und die neurowissenschaftlichen Grundlagen der Konzentration können Sie sich informieren in: Jean-Philippe Lachaux, *Les Petites Bulles de l'attention*, Paris 2016.
- Um die Augen zur Ruhe zu bringen, gibt es nichts Besseres als eine weiße Wand. Setzen Sie sich davor und tun Sie rein gar nichts.
- Von der 85-jährigen japanischen Zen-Meisterin Shundo Aoyama gibt es ein sehr schönes Buch: *Pflaumenblüten im Schnee*, Bielefeld 2002.
- Über die Inhalte unseres Geistesstromes erfahren Sie mehr im Buch meines Freundes Frédéric Vincent, *Zéro Mental*, Éscalquens 2014.

Kapitel 4: Die Stille der Worte

- Edward T. Hall, *The Hidden Dimension*, repr. New York 1990.
- Aldous Huxley, *Die Pforten der Wahrnehmung*, München 2017.
- Ich habe meine Ausbildung zur Hypnotherapeutin und die Spezialisierung in Neurolinguistischer Programmierung (NLP) im Arche-Institut absolviert, das von Kevin Finel geleitet wird und dessen ethische Ausrichtung über jeden Zweifel erhaben ist.

- Der »Königsweg« ist der Weg des Zen. Mehr über Zazen erfahren Sie in den verschiedenen Zen-Zentren in ganz Europa.
- Auch andere buddhistische Organisationen bieten Schweige-Retreats an, unter anderem Vipassana-Zentren nach Meister S. N. Goenka. Mehr darüber erfahren Sie auf: www.dhamma.org/de/

Kapitel 5: Die Stille des Körpers

- Über den Einfluss des Körpers auf den Geist erfahren Sie mehr im TED-Video von Amy Cuddy: »Your body language shapes who you are«, auf: www.ted.org. Der lebendige und amüsante Vortrag ist in mehrere Sprachen übersetzt worden.
- Die Feldenkrais-Methode erlaubt es, den eigenen Körper durch minimale Bewegungen zu entdecken.
- Über den japanischen Teeweg in der Tradition der Urasenke können Sie sich informieren auf: www.urasenke.de
- Und wenn Sie voll Achtsamkeit Ihr Gemüse putzen wollen, sollten Sie natürlich beste Bioware vom Gärtner in der nahen Umgebung kaufen. Wie wäre es mit einer Bio-Gemüsekiste? Suchen Sie unter »Biokiste« bzw. »Ökokiste« im Netz.

Kapitel 6: Eine Kur der Stille für zu Hause

- Mihaly Csikszentmihalyi, *Lebe gut! Wie Sie das Beste aus Ihrem Leben machen*, Stuttgart 2000.
- Über ein ayurvedisches Retreat in Indien berichtet der Film *Mein indischer Doktor*, den es auf YouTube zu sehen gibt.
- Ganz besonders zur Kontemplation geeignet sind die Fotos meiner Freundin Manuela Böhme: mboheme.tumblr.com

Kapitel 7: Stille in unseren Taten – für eine ethische Spiritualität

- Über die tolle Arbeit der Organisation Colibris, gegründet von Pierre Rabhi: www.colibris-lemouvement.org
- Hier können Sie sich (in französischer Sprache) über die Herkunft bestimmter Produkte informieren: http://ethique-sur-etiquette.org
- Außerdem möchte ich Ihnen die Arbeiten der Tierrechtlerin und Professorin für angewandte Ethik Corine Pelluchon ans Herz legen, vor allem ihr *Manifeste animaliste* (Paris 2015).
- Nicht zu vergessen das wunderbare Buch von Mathieu Ricard, buddhistischer Lehrer und Übersetzer des Dalai Lama: *Plädoyer für die Tiere*, München 2015. Darin geht er mit umfassendem Mitgefühl der Geschichte unseres Verhältnisses zu den Tieren nach. Unbedingt lesenswert!
- Und für alle Liebhaber der Natur: *Der Mann, der Bäume pflanzte* von Jean Giono (Dortmund 2015).